智慧零售整体解决方案

一场“人、货、场”全面升级的零售革命

丁兆领◎著

地震出版社
Seismological Press

图书在版编目（CIP）数据

智慧零售整体解决方案 / 丁兆领著 . -- 北京 : 地震出版社 , 2020.7

ISBN 978-7-5028-5168-2

Ⅰ . ①智… Ⅱ . ①丁… Ⅲ . ①零售业—商业经营—方案 Ⅳ . ① F713.32

中国版本图书馆 CIP 数据核字（2019）第 285418 号

地震版　XM4532/F（5887）

智慧零售整体解决方案

丁兆领　著

责任编辑：王亚明

责任校对：李肖寅

出版发行：地震出版社

北京市海淀区民族大学南路 9 号　　邮编：100081

发行部：68423031　68467993　　传真：88421706

门市部：68467991　　传真：68467991

总编室：68462709　68423029　　传真：68455221

证券图书事业部：68426052　68470332

http：//seismologicalpress. com

E-mail：zqbj68426052@ 163. com

经销：全国各地新华书店

印刷：北京柯蓝博泰印务有限公司

版（印）次：2020 年 7 月第一版　2020 年 7 月第一次印刷

开本：710 × 960　1/16

字数：208 千字

印张：14.5

书号：978-7-5028-5168-2

定价：52.80 元

前　言

Preface

社会生产效率的提升和科学技术的不断进步，必然会推动社会各行各业不断革新。历史的车轮行驶到现在，以互联网产业化、智能化等为代表的技术革命已经席卷整个社会，每个行业都必然接受其洗礼，这是难以阻挡，无法回避的。

具体到零售行业，智慧零售逐渐兴起，成为一种全新商业模式。它所推崇的新产品、新体验、新服务，为传统零售企业注入了新的智慧，使其产生了新的活力。

顺应智慧大势者，方能生存

从传统零售向智慧零售的转变并非一蹴而就，而是一个逐渐演变的过程。零售企业只有适应新节奏，抓住零售行业发展的新方向，才能占得先机，在未来激烈的竞争中占得一席之地。

（1）顺应消费升级。现如今，消费者已经从原来的对价格敏感转向注重服务体验，从之前的“需要”转向“想要”，由重数量转变为重品质、重效率、重体验。零售企业只有把握好发展方向，将其做到极致，才能在未来获得更大的竞争力。

（2）边界越来越模糊。未来，消费者对零售业态的需求会越来越多样化，对体验场景的要求会越来越极致化。盒马鲜生以其“本地生鲜超市+餐饮体验+线上业务仓储”三大功能为一体的跨界模式牢牢地吸引着消费者的眼球。

（3）消费者更愿意为场景买单。在智慧零售时代，零售企业需要根据消费者的需求和兴趣喜好提供个性化的服务，构建更加新奇、有趣的场景。消费者将成为零售的核心，他们将成为产品的参与者，甚至是设计者，融入零售企业的产业链条中，并匹配到相应的场景中。

（4）用新的交互方式和消费者互动。随着新技术的迅猛发展和运用，零售企业拥有了更多的渠道和消费者进行互动，包括人脸识别、VR虚拟现实、人工智能、机器人，等等。

不管零售行业未来如何发展，零售企业的使命都将是吸引消费者并留住他们。只有顺应智慧大趋势，迅速升级业态、场景和互动形式，零售企业才能更好地满足消费者不断升级的需求，获得消费者的青睐。

掌握数据，零售才会更智慧

智慧零售中，消费者是核心。对零售企业而言，要想抓住消费者，首先必须知道消费者是谁，他们需要什么，如何去满足。要想解决这些问题，零售企业就必须让自己变得更加智慧，掌握更准确的数据。如此，零售企业才能将单纯的产品购买转变为服务体验，从而使自身在消费者眼中变得更有价值，才会吸引消费者进行多次消费。

（1）运用大数据，打造零售生态圈。通过使用大数据，零售企业能够创新消费者连接方式，从而打造出更加丰富、有趣的零售生态圈，让自身品牌快速地被消费者接纳。比如，耐克通过数字运动平台Nike+实时分析用户的运动习惯，详细掌握用户的运动频率、运动时间以及位置等数据信息。在此基础上，耐克可以有针对性地改进产品，提升服务水平，进一步优化用户体验。

（2）用好大数据，赋能供应链。通过对消费者的消费行为进行分析，零售企业可以更高效地协调品牌商、供应商和物流，为自身供应链赋能，为消费者提供更优质、快捷的消费体验。著名超市品牌大润发，依托互联网技术和大数据，对原有供应链进行改造——依托飞牛优鲜，线上线下联动，可实现在配送范围内1小时将商品送到消费者手中。

综上所述，消费者的消费观念在不断升级，零售企业只有快速转型为智慧零售模式，才能更精准地了解消费者，取悦消费者，为他们提供最佳零售场景和解决方案。

拥抱智慧零售，就等于拥抱美好的未来。

目 录

Contents

第1章 技术、渠道和消费，三大变革催生智慧零售

1.1 智慧零售是个什么东东 / 003

1.2 消费变革：倒逼零售“智慧”的原动力 / 009

1.3 渠道变革：“云转型”让零售有了智慧大脑 / 015

1.4 技术变革：商业智能极致化消费体验 / 016

1.5 全渠道、大数据、新支付、新体验 / 021

1.6 5G背景下的零售模式 / 027

第2章 转型之路，得智慧者得天下

2.1 传统线下零售企业的困局与涅槃 / 033

2.2 终端智慧：构建特有商业模式，赋能供应链 / 037

2.3 算法智慧：借助大数据精准锁定消费者 / 040

2.4 粉丝智慧：“我”就是明星，“我”就是上帝 / 043

2.5 跨界智慧：制造更多闪光点，让消费者尖叫 / 046

2.6 组织智慧：将店开在消费者的指尖上 / 049

2.7 流量智慧：得用户者得天下，打造私域流量池 / 052

第3章 思维决定结果，新时代零售需要更智慧

3.1 门店永远不会消失，但需更有趣、更出彩、更有新意 / 059

3.2 无人、智能，零售企业的流量神器 / 064

3.3 获得认可，才能让消费者追随一生 / 068

3.4 卖的不仅是产品，还有更高级的生活方式 / 076

3.5 将自身打造成某个场景下的专家 / 083

3.6 千错万错，唯“快”不错 / 089

第4章 围绕消费者打造智慧零售的购物场景

4.1 智慧零售的切入点在于洞察消费者 / 095

4.2 社交：心连万家才会人见人爱 / 097

4.3 共享：打破边界，给予消费者更大的选择自由 / 105

4.4 参与：感官营销让旁观者变为参与者 / 106

4.5 有趣：花钱不仅为购物，还为满足情感需求 / 109

4.6 简单：一站式营销，让消费者为效率付钱 / 112

4.7 个性：唯一的不同是处处不同 / 117

第5章 极致的零售才是智慧的零售

5.1 修建智慧零售下的6条极致法则快速跑道 / 123

5.2 搬开智慧零售极致化的3块绊脚石 / 128

5.3 极致单品方能让消费者尖叫 / 133

5.4 让体验充满尖叫与快感 / 138

5.5 领先才能实现极致 / 142

第6章 “心”的智慧，塑造有温情的零售形象

6.1 搞懂女人心，零售企业才会更成功 / 147

6.2 年轻的心态，是零售企业和消费者情感共鸣的载体 / 150

6.3 “三试”让零售企业更有人情味 / 152

6.4 感动是一种舍不得离开的体验 / 157

6.5 把好和坏的定义权交给消费者 / 162

6.6 卖产品，还要变身生活顾问 / 166

第7章 打造新物种，方能抢占智慧零售新高地

7.1 盒马鲜生：自我颠覆升维，1+1+1＞3 / 173

7.2 每日优鲜：“商品+供应链”覆盖北京一半办公场景 / 176

7.3 肚子里有料：明确定位，两年开出300多家门店 / 179

7.4 RISO未来店：融合模式还原生活本位 / 181

7.5 简24：用视觉识别提供极致体验 / 184

第8章 服务走心，零售企业才更具智慧

8.1 让消费者见证服务 / 187

8.2 你要的不是会员，而是粉丝 / 190

8.3 出现问题，让消费者第一时间找到你 / 194

8.4 和消费者的情感交流必不可少 / 198

8.5 你的服务要超出消费者的预期 / 200

第9章 拥抱云零售，抓住智慧零售新未来

9.1 构建云平台供应链，让自身更轻、更智慧 / 207

9.2 S2b是未来智慧零售的商业模式 / 212

9.3 赋能百万商店的阿里巴巴零售通 / 214

9.4 打造B2B领域新渠道的京东新通路 / 217

9.5 零售未来发展四大趋势 / 219

第1章

技术、渠道和消费，三大变革催生智慧零售

技术的不断创新，渠道的不断革新，消费的不断升级，使得零售商不得不重新定位自己，进行自我革新。在这种大背景下，智慧零售模式诞生了，它代表着零售行业的发展方向，代表着零售行业的未来。

1.1 智慧零售是个什么东东

苏宁云商集团股份有限公司张近东说："智慧零售的本质就是运用互联网、物联网技术，充分感知消费习惯，预测消费趋势，引导生产制造，为消费者提供多样化、个性化的产品和服务。"由此可见，当前零售企业需要拥抱移动互联网，以大数据为牵引，积极构建智慧零售链条，更好地服务消费者。

1.1.1 数字化让零售更具智慧

数字化是智慧零售的核心，是零售业转型和创新的重要突破口。借助数字化，零售企业会变得更聪明，特别是通过构建"营销数字化+终端渠道数字化+消费者数字化"模式，零售企业可以更精准地洞察消费者的消费倾向，推出更适合消费者的产品和服务。

（1）为消费者画像。零售企业可通过采集消费者的属性数据和行为数据，对他们进行全息的消费画像，对自身潜在消费者有一个全面、透彻的了解，继而让自身产品和服务无限接近消费者的真实需求。

零售企业通过建立数据库，在分析消费者基本信息、购买产品品类、浏览历史、服务诉求的基础上，结合消费者的社会属性、生活习惯等信息，最终可塑造出一个清晰、准确的消费者模型。

具体而言，零售企业对消费者进行画像，需要收集以下信息（图1–1）。

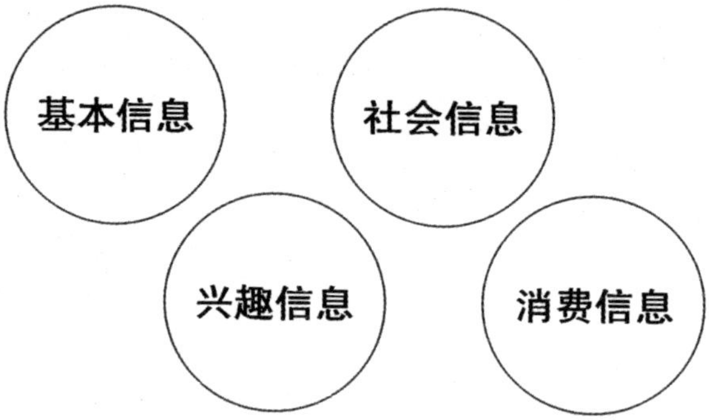

图1–1 为消费者画像所要收集的消费者信息

①消费者的基本信息，包括性别、年龄、生活的城市、受教育水平、职业、生日、星座，等等。

②消费者的社会信息，包括生活习惯、婚姻状况、亲人、朋友等内容。

③消费者的兴趣信息，包括偏爱的运动、喜欢的美食、喜欢登录的网站、喜欢的品牌等。

④消费者的消费信息，包括年收入、购买力、偏爱的商品品类、购买的渠道及购买的频次，等等。

通过对以上这些信息进行具体分析、归纳总结，零售企业可以更加精准地调整自身产品品类和服务水准，最大限度地满足消费者最迫切的需求，优化他们的消费体验。

比如，零售企业通过为“80后”消费者画像，发现他们购买力强，对电子产品兴趣浓厚，喜欢在早上登录本地零售企业APP下单购买生鲜产品，周末喜欢举家出游。最终，零售企业就可以为“80后”消费者贴上“购买力强”“喜爱电子产品”“爱生鲜”“爱出游”的标签，从而有针对性地对产品和服务进行调整，让自身更加适合“80后”消费者。

（2）云端的智慧。要融合数字化的零售，只有借助“云端”，没有终端的限制，所有的零售门店都将是遍布传感器与交互设备的端口，实现线上和线下的完美融合。零售企业可以引导线上消费者进行线下消费，也可以将线下的消费者吸引至线上消费，如此一来，零售企业也就实现了线上线下资源的互通共享和信息互联，最终达到彼此带动、增值的目的。

在具体的形态上，不管是便利店、大卖场、百货公司、购物中心，还是线上网店、微店、网络直播，都是数据导入的链接。这样一来，消费者可以随时在线，端口将消费者的各种信息上传到云端，通过数字化技术打通线下和线上、现实与虚拟的各个碎片化端口的各种消费场景、环节，最终实现深度融合（图1–2）。

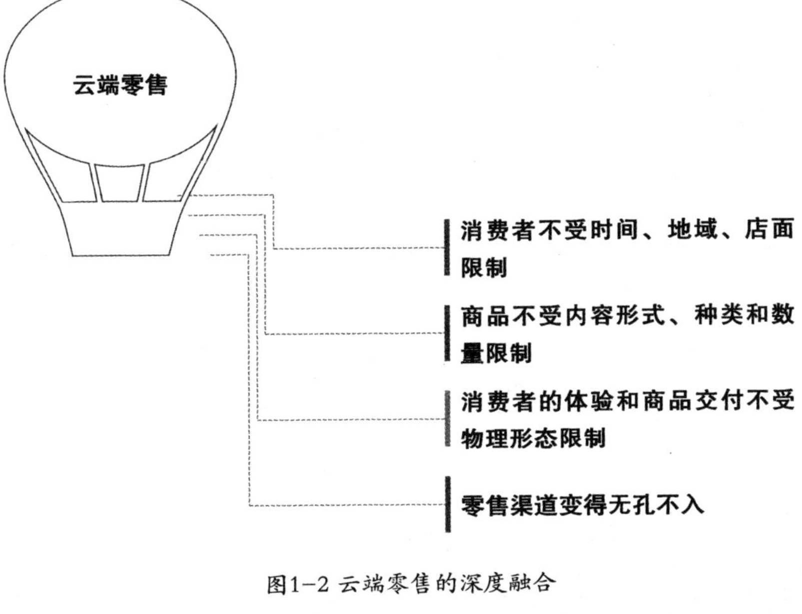

图1–2 云端零售的深度融合

（3）精准营销。借助数字化为消费者进行画像之后，零售企业就能精准地把握消费者的消费脉搏，在营销的时候自然也就能投其所好，更好、更高效地和消费者进行互动，从而与消费者建立起良好的关系。

比如，零售企业可以针对消费者的喜好，投其所好，向其推送感兴趣的产品信息，给予相应产品的打折券，这样一来就实现了精准推荐。更重要的是，零售企业可以在掌握消费者信息基础上做到精准的、人性化的温情服务，比如情人节期间，为还没有找到另一半的消费者邮寄一张情书、一束红玫瑰；在消费者生日到来之际赠送其一盒精致的小蛋糕；在女性生理期为其送上温暖的提醒和祝福……这样一来，零售企业的产品和服务才会真正走进消费者内心，让消费者欲罢不能，也会让他们对零售企业的品牌变得更加信赖。

1.1.2 智慧零售是体验上的升维

智慧的零售，除了自身会变得更加“聪明”和“贴心”之外，其所给予消费者的体验也不再单一。在智慧零售模式下，零售企业能够向消费者提供产品、服务和体验，从而为消费者带来更加愉悦的购物过程，以此带动产品销售。

（1）创造一种全新的生活理念。零售商需要糅合自身产品和服务提出一种全新的生活理念，以此吸引那些对生活有更高追求的消费者的关注和参与。我们所提出的新生活理念要具备两个特征：首先，必须符合当前或者未来人们对生活的憧憬，能够引导人们提高生活水准，让消费者对生活变得更加热情、更有信心；其次必须要和我们所销售的商品或服务存在某种联系，能够直接带动店内产品的销售，或者间接助推实体店品牌的树立。

（2）提供走心的产品和服务。零售企业想要升维体验，就必须感动消费者，而做好产品和服务是最基本的一个方面，也是最重要的一方面。我们需要在产品上进行创新，在服务上进行提升，使它们最大限度地契合消费者的需求，愉悦消费者的内心。也就是说，我们的产品和服务要“走心”，要用心，要习惯站在消费者的角度思考，处处为消费者着想，处处透露出服务消费者、愉悦消费者的设计（图1–3）。

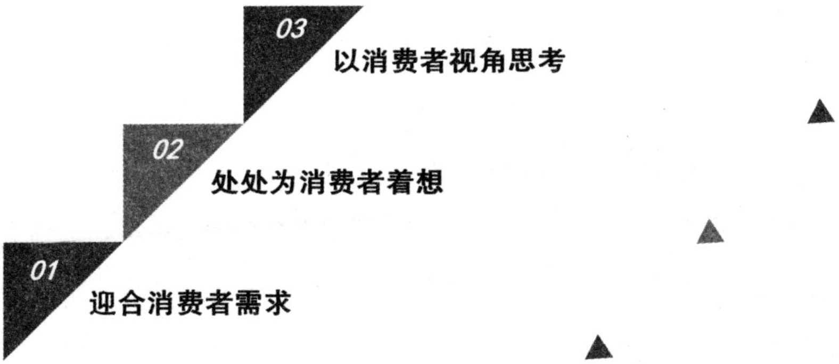

图1-3 走心的三个表现

（3）推动情感上的交流和共鸣。人是情感性的动物，要想让消费者感动，情感上的交流是必不可少的。我们可以借助QQ群、微信群等平台将老顾客聚集在一起，经常进行互动；可以有规律地组织一些线下活动，诸如品尝会、试用会、培训课等，在面对面的交流中培养情感；可以时常赠送一些小礼物，抑或在价格上做一些让利，以"人情"换"感情"……总之，只有通过情感上的交流，引发消费者的共鸣，为消费者赋能，才能让消费者感动、难忘（图1-4）。

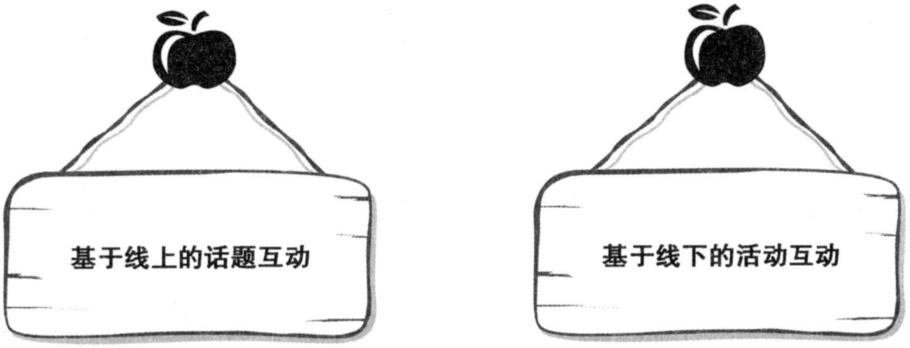

图1-4 情感互动的两种表现形式

（4）用惊喜撬开消费者内心。当惊喜突然降临的时候，那种意想不到的感动往往会在人的内心深处留下难以磨灭的印记。零售企业要善于发现消费者的潜在需求，善于从消费者的诸多信息中发现潜在的“惊喜点”，善于从消费者的喜好入手取悦消费者……如此一来，我们才能制造出惊喜，才会感动消费者。

1.1.3 智慧零售就是供给侧结构性改革

随着社会发展水平的不断提升，人们的消费需求结构随之升级，继而带动了供给的结构升级。智慧零售必然要融入这种改革中，以便更好地满足消费者的需求。所谓供给侧结构性改革，就是从提高供给质量出发，用改革的办法来推结构调整，矫正要素配置扭曲，扩大有效供给，增强供给结构对需求变化的适应性和灵活性，从而更好地满足消费者的需求。

智慧零售的供给侧结构升级主要体现在以下三个方面。

（1）全渠道。智慧零售应该是线上线下渠道的全面打通和深度融合，是直营门店、加盟门店、微信商城、移动APP以及PC网店的集大成者，能够高效地打通商品、会员、库存、服务等环节。全渠道具有三大特征，即全程、全面、全线（图1–5）。

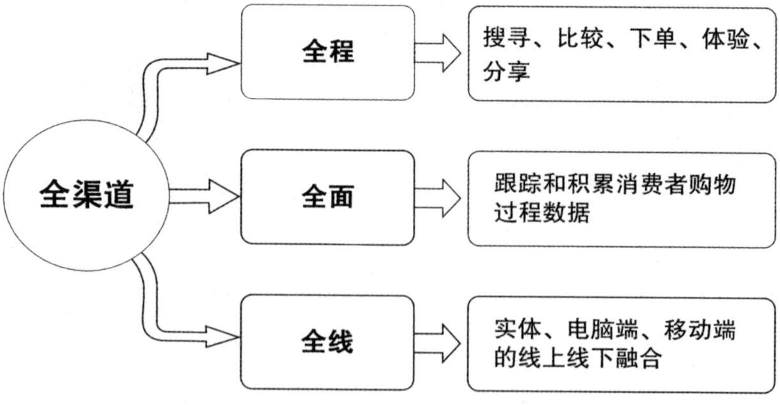

图1–5 全渠道三大特征

零售企业实现全渠道的最终目的是打破当前所面临的渠道分散、客户体验不一、成本上升、利润空间压缩等困境，实现双向互动和线上线下融合。

阿里巴巴以“三通”来构建自身的全渠道。所谓“三通”，即商品通、会员通和服务通。商品通要求打通价格、库存、大促，实现同款同价，实库虚库一盘货，终端可调拨发货；会员通要求实现账号、积分通用以及行为记录，以此采集消费者数据，捆绑消费者，进行精准营销；服务通要求做好售前、售中、售后服务，实现门店和线上导购融合，锁定消费者，方便开展社群服务和退换货服务。

（2）去库存。智慧零售可以通过整合系统、物流，将零售企业在各地的仓库无缝连接起来，最终实现库存共享，从而改变传统零售企业大量囤积商品的现状，并能引导消费者采用更适合自身的方式购买产品。另一方面，零售企业还可以根据自身掌握的消费者需求，有针对性、有计划地引进或生产商品，按需备货，按需生产，从而实现去库存。

（3）智慧门店。零售企业通过运用一系列移动互联技术，对零售门店进行智慧化改造，让顾客在了解和选择商品时获得更详细的信息参考，让企业面向顾客的营销更有针对性，让付款环节变得更加有趣、高效。这样一来，通过构建丰富多样的智慧零售场景，零售企业会更愉悦、高效地实现互动，在消费者心中烙下更深刻的品牌印记。

简而言之，智慧零售是一种更加“聪明”的零售，是一种拥有更好体验的零售，也是一种供给侧更精准、更有目标性的零售。

1.2 消费变革：倒逼零售“智慧”的原动力

零售发展的原动力是消费——随着社会生产力的不断发展和人们生活水平的不断提升，消费者的消费意识和层次随之发生了改变。这种改变必然会从根本上改变零售业。

1.2.1 消费4.0时代的到来

随着移动互联网技术的迅猛发展、社会生产和交易效率的不断提升，中国消费者的消费形式发生了四次变迁——从消费1.0时代进化到消费4.0时代，由最初的“计划驱动”“价格驱动”“品质驱动”，发展到现在的“场景互动驱动”。

（1）计划消费——消费1.0时代。中华人民共和国成立之初，生产力低下，各种生活、生产物资比较匮乏，整个市场主要由计划主导，各种生活物品采取计划消费形式，消费者在这一时期必须使用粮票、菜票、布票等到供销社交换所需商品。在消费1.0时代，消费者的消费行为属于被动式的计划消费，他们所需商品的种类和数量都难以得到满足。

（2）自由选购——消费2.0时代。伴随着经济体制的改革和社会生产力的不断发展，各种生活和生产物资变得越来越丰富，人们的可支配收入也越来越高，以往计划经济下的供销社形式已经越来越不能满足人们的日常生活消费需求。在这种背景下，百货商场、超市、便利店等零售业态开始出现和兴起，人们获得商品的渠道变得越来越多元化，社会供给和居民消费需求逐渐平衡，人们可以在自身能力范围内自由地选择所需商品。在这一时期，商品价格是影响人们进行商品选择的最敏感因素，是否“物美价廉”成了人们衡量商品是否适合自己的重要标准。

（3）品质消费——消费3.0时代。随着社会生产力的飞速发展，产能开始过剩，各类商品不管是种类还是数量都变得异常丰富，整个社会的供需平衡开始被打破，整体演变为供给大于需求。而随着人们生活水平的不断提升，消费理念变得更加高端，人们对商品品质越来越“苛刻”，也越来越看重零售企业所能提供的服务和体验。在这一时期，“品质”成了人们选择商品的重要标准，消费者不再盲目地将“价廉”视为好商品必备的“美德”，对“物美”的追求开始高于“价廉”。

（4）消费4.0时代。随着移动互联技术的快速发展以及“80后”“90后”甚至“00后”成为消费主体，人们的需求变得越来越多元化，越来越有个性和特色。这个时期，消费者的消费理念开始由关注产品的品质升级到关注产品的附加值，产品个性、审美甚至是情感上对商品的认同成了影响他们购买选择的重要因素。简而言之，这个时期，消费者更加注重产品的个性化、社交化和情感化，在他们眼中，产品不再是冷冰冰的标准化产物，而是具有情感、个性和社交属性的“伙伴”。

正是消费上的这种变革，倒逼零售企业变得更加智慧——销售给顾客的产品，不仅要能满足其痛点需求，还要能在个性、情感和社交上愉悦顾客，让顾客觉得有用、有趣、有爱。而要想做到这一点，零售企业就必须变得更有智慧，能快速地找到顾客的痛点需求，能愉悦地同顾客互动。

1.2.2　新生代消费群体崛起倒逼零售更智慧

当前，新生代消费群体已经崛起，成为消费的主力和引领者。新生代消费群体不管在消费理念还是消费层次上都不同于传统消费者，是未来消费市场的主导力量。这个群体主要是指“95后”这一批消费者。

（1）新生代消费群体画像。他们兴趣广泛，圈子多，有个性，身份也多，诸如火车迷、高楼迷、动漫迷等。新生代消费群体之所以有如此多的兴趣和身份，主要原因是他们生长于中国经济腾飞的时代，能够享受到更多经济发展成果，可以接触到诸多新事物。另外，新生代消费群体更喜欢为自己感兴趣的事情投入时间和金钱，兴趣对他们而言并不是消遣，而是一种激励，一种值得投入情感和毅力的领域。最为重要的一点是，新生代消费群体拥有诸多赚钱的渠道，他们为兴趣投入大量金钱，并非仅仅因为家庭经济状况好，还有自身赚钱能力强的因素（图1–6）。

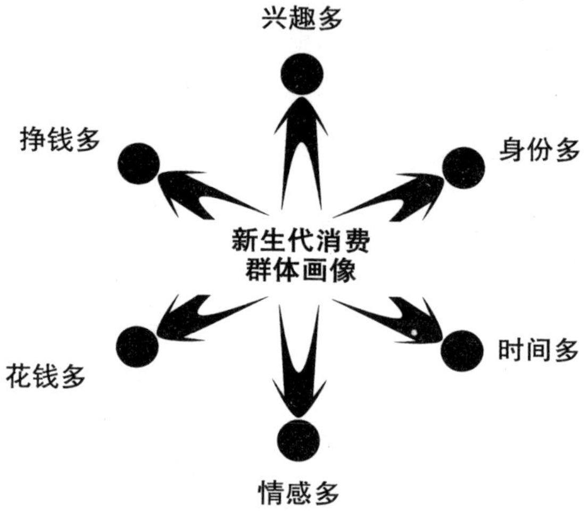

图1-6 新生代消费群体画像

（2）新生代消费群体的消费欲望更加强烈。相对于理性的中老年人，新生代消费群体的消费好奇心更加强烈，消费冲动更易被激发，更愿意为自己喜欢的、好奇的商品花钱。新生代消费群体受教育水平高，品牌意识强，这就决定了他们对零售商品的品质、个性、种类等都提出了更高、更具多样性的要求。要想抓住新生代消费群体的这些个性化要求，零售企业就需要使自身变得更加智慧，能够通过使用移动互联技术同新生代消费群体更顺畅地进行互动。

1.2.3 谁的体验好，消费者就认同谁

随着经济的不断发展，当前零售市场已经进入消费者主权时代，消费者可以依自身意愿和偏爱自由地选择购买场所和商品种类。这样一来，零售企业就需要变得更加智慧，需要及时抓住消费者的真实需求和喜好，有针对性地生产和进货，从而满足消费者最真实的需求。

（1）不卖产品，卖需求。兜售需求的最直接表现就是满足消费者的需求，假如零售企业能够很好地为消费者提供各种解决方案，帮助消费者更好地获得

价值，那么就能快速地获得消费者的好感和认可。满足需求主要表现在两个方面：一方面为满足消费者的物质需求，通过向消费者提供商品来实现；另一方面为满足消费者的心理或精神需求。正如美国IBM公司前营销副总裁巴克·罗杰斯（Barker Rogers）所言：生意成交的秘密在于了解客户的困难，然后帮助他们找到解决的办法，使他们获得价值并对这笔交易感到满足。

（2）靠免费试用博得消费者芳心。在人的心理层面上，“免费”无疑是一种莫大的诱惑。目前，“免费”成了很多人生活中关注的一个焦点，往往带有“免费”二字的事物总能获得消费者的关注（图1–7）。

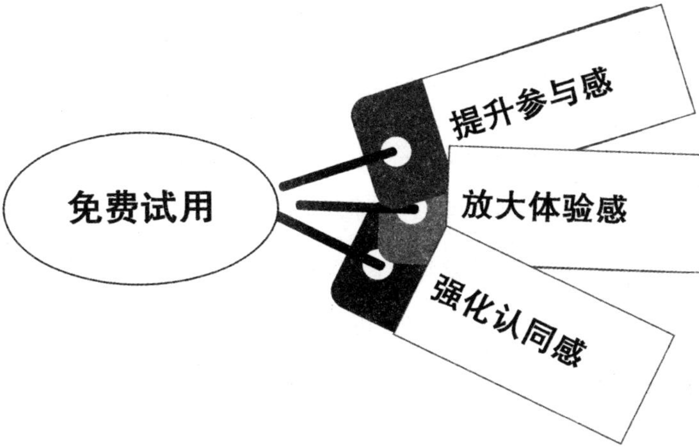

图1–7 免费试用的效果

（3）强调感官营销。人是通过感官来认识这个世界的，东西好不好吃，味道闻起来如何，事物摸起来感觉怎样，都要通过感官上的刺激来获得结果。也就是说，感官是人们和外界进行信息交流的“门户”，是人们获得第一手资料的“窗口”。在通过感官获得信息的基础上，人们才能进行更加精准的分析判断，得出更加理性的结论。基于此，零售企业在满足消费者需求的时候，首要的一点就是愉悦消费者的感官，满足消费者感官上的需求。我们可以创造一个良好的消费空间，让消费者享受视觉上的盛宴；可以播放优美的音乐，给予消费者听觉上的欢愉；可以邀请消费者品尝美食，利用味觉和嗅觉上的愉悦俘获消费者的芳心……做好感官营销，我们就能在第一时间获得消费者的好感，继而真正走进消费者的内心，融入消费者的生活之中。

（4）售卖社交场景。对实体零售企业而言，面对面地销售产品给消费者是其相对于电商的最大优势。但是假如我们对这一优势理解不透彻，仅仅将其看作“为了销售而销售”，那就大错特错了。实体零售店要想最大限度地发挥这一优势，就不能将自身限定在“售卖产品”的框框中而自缚手脚。那么实体零售店除了售卖产品，还可以向消费者售卖什么呢？

实体店零售能够和消费者面对面，这就意味着彼此之间可以在现实生活中谈话题、聊感情、交朋友。也就是说，实体零售店除了销售产品之外，完全可以向消费者兜售社交场景，和消费者形成良好的互动关系，帮助消费者获得更顺畅的社交途径，编织更稳定、强大的社交网络，这样我们才能留住老顾客，迎来新顾客，快速地进行口碑传播，树立起自身的金字招牌。

（5）一站式营销解决体验闭环。零售企业要想抓住消费者，营造出更好的体验感，获得更高的人气和利润，就需要发挥自身优势。现阶段，电商为了提升自身在消费者心中的满意度，普遍开启“有求必应”模式，最大限度地满足消费者的合理要求。零售企业也应有所举措，解决消费者体验闭环，最大限度地提升消费者的消费满意度。

那么如何才能解决消费者体验闭环，以最大限度地提升他们的满意度呢？一站式营销是最好的方法和途径，能够让消费者即时享受到零售店的产品和服务。只有实现一站式营销，我们才能吸引更多线下消费者走进店内，让更多的线上消费者关注线下，享受我们面对面的服务。

总之，不管是消费4.0时代的到来，还是新生代消费群体的成长以及消费者对体验的“苛求”，都要求零售企业在供应链、陈列、营销等方面更聪明，更有特色和个性，这样的零售企业才能快速占领市场，成为大家购物消费的首选。

1.3 渠道变革：“云转型”让零售有了智慧大脑

渠道对零售而言异常重要，是连接商品和消费者的重要纽带。基于此，渠道上的变革必然会引发零售上的变革——渠道上的云转型，为零售装配了一个智慧大脑，使其能够更好地构建商品和消费者连接通道。

2016年底，阿里巴巴打出了“新零售”的旗号，京东随后提出了“无界零售”的目标，这两个拥有重磅平台资源的电商巨头开始了对传统零售行业的收编改造。进入2017年，不甘沉默的腾讯又提出了“赋能零售”的理念，将目光瞄准零售的渠道变革。为什么这些电商和科技巨头纷纷进军零售、关注渠道呢？其实道理很简单，随着科技的迅猛发展，渠道上的云转型推动的渠道变革，已经成为零售企业发展过程中的一个“鲤鱼跃龙门”式事件——谁抓住了这次变革机会，成功跃过去，谁就能够成为零售行业未来的领跑者，坐收亿万智慧零售红利。

经济的发展、科技的进步以及人们生活水平的不断提升，必将推动零售业态的发展，推动零售渠道的变革。自中华人民共和国成立之后，零售渠道出现了以下五次明显的变革。

（1）百货商场阶段。社会生产力的提升，使得原本短缺的物资变得丰富起来，而经济发展水平的提升也刺激了人们的需求，从而催生了百货商场。百货商场的出现，使得零售渠道由之前的分散、单一转变为集中、综合，大大满足了人们的多样化需求。通过这一渠道，消费者不仅可以采购到自身所需要的各种商品，还能体验到“逛”的乐趣，大大优化了消费体验。

（2）连锁商店阶段。随着社会经济的持续发展，人们的消费层次越来越高，对商品品质、品牌以及服务的要求变得更加“苛刻”，这催生了连锁商店这种零售形式。连锁商店在总店的统一领导下，由分店为消费者提供品质高、服务佳的商品。通过使用这一模式，零售企业得以实现统一的标准化规模经营，适应了社会大生产的需要，将现代化的大生产、流通的规模经营以及消费者的自由购物和个性化消费巧妙地糅合在了一起。于是各种零售超市、便利店、专卖店如雨后春笋般出现，大大增强了消费者购物的便捷性，为消费者提供了标准、优质的商品。

（3）超级市场阶段。随着社会生产效率的大幅提升以及社会分工的细致化发展，人们的生活和工作节奏变得越来越快，时间变得越来越稀缺，迫切希望能够在最短的时间内将所有生活物资一网打尽。在这种大背景下，超级市场出现了，其主要经营食品和生活用品等商品，为消费者提供“一站式购物”的购物方式。超级市场采用大量进货、批量销售的方法，最大限度地让利于消费者，满足了消费者对商品“物美价廉”“种类丰富”“一网打尽”的期望。

（4）购物中心阶段。随着消费理念和消费层次的不断升级，人们对零售渠道有了更高的要求，消费者迫切希望有一个营业面积更大，集娱乐、购物、餐饮、休闲等为一体的场所来满足自身所有的需求。在这种背景下，万达广场、万象城、大悦城等纷纷涌现，引领零售新潮流，成为家庭娱乐和亲子活动的重要场所。

（5）无店铺经营阶段。移动互联技术的迅猛发展、物流管理的快速完善、消费者对购物便利性和快捷性要求的提高，催生了零售业的无店铺经营模式。所谓“无店铺经营”，主要是指网上商店、电话购物、电视购物、邮购、自动售货等主要零售业业态，其中以网上商店为主的电子商务最具发展潜力。其主要特点为零售企业可以无具体的场地和库存，经营成本低，全天在线销售，不受时空限制。站在消费者的角度上看，无店铺经营模式的主要特点是商品价格低，可选空间大，节省时间，简单便利。

1.4 技术变革：商业智能极致化消费体验

各种新技术的迅猛发展，特别是互联网、物联网、云计算、大数据、人工智能等技术的成熟和应用，为零售企业插上了腾飞的翅膀。借助这些新技术，零售企业能够打造全新、高效的供应链，能够更加精准地为消费者画像。

1.4.1　云、网、端让零售企业变身消费者的“知心朋友”

新技术的飞速发展，特别是云、网、端三个方向的迅猛发展，让零售企业第一次具备了对消费者消费行为的透视和预测能力，从而能够更有针对性地优化消费者的消费体验，提高自身的运营效率，对消费者进行更加精准的营销（图1–8）。

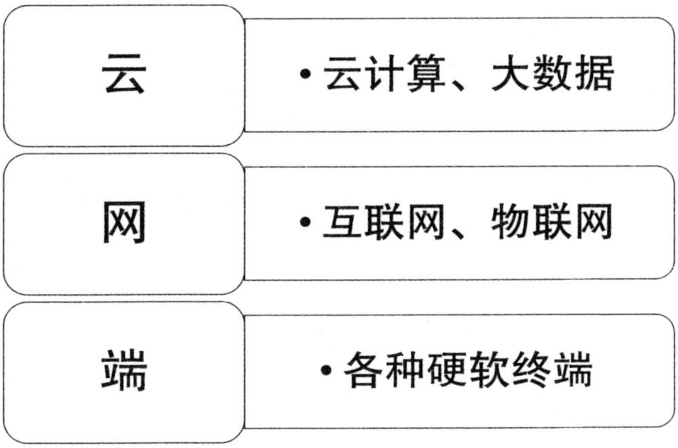

图1–8 云、网、端的具体含义

第一阶段，一直以来，零售企业依赖数据建立与顾客之间的互动，通过信息技术推动商业活动向顾客深度参与的方向发展。最初是将POS系统引入店铺，获得技术数据，并在此基础上发展会员制度。

第二阶段，零售企业利用互联网的发展，通过社交媒体和移动端其他应用获得有效的消费者信息。

第三阶段，伴随着进场感应终端、应用场景定位、虚拟试衣镜、传感器、大数据、移动终端等技术的发展，完善商户线下应用场景，实现设备与人之间的实时互联。

第四阶段，通过使用远程无线技术搭建物联网，通过物联网将信息实时传输给有关系统和终端用户。这样一来，不管消费者身处何方，都处于智能设备访问范围之内，从而使得零售企业能够从互联网的零售系统和设备之中采集数据，并通过智能系统驱动优化操作。

塔吉特百货经营着全美第二大超市，通过一系列的技术革新，塔吉特百货成功为自身贴上了“孕妇之友”的标签。对百货零售商而言，孕妇是重点消费群体，她们对孕婴用品需求量大，品质要求高，舍得花大价钱。但是在最初，孕妇们却只信任专门的孕妇商店，很少在塔吉特百货消费，因为她们在想到塔吉特百货时，首先想到的并非专业的孕婴产品，而是食品、袜子、时装等。

为了扭转自身在孕妇群体中的这一印象，塔吉特百货的数据分析部门利用大数据和云计算技术，建立了一个分析模型。通过使用这一模型，塔吉特百货可以尽早将孕妇识别出来，向她们发送“量身定做”的孕婴产品优惠信息，继而占领孕婴用品市场。

对零售行业而言，消费者是始终不变的“上帝”，智慧零售除了要在商品价格、品质、营销上发力之外，还需要在洞察消费者方面做到极致，具备数据分析能力，运用前沿技术做好互动，做好物流，从而更精准地为消费者画像，为其提供更丰富、有趣、舒适的消费场景。这样的零售企业才具备核心竞争力，才能始终在消费者心中占据一席之地。

1.4.2 人工智能让零售更具体验感

随着人工智能技术的迅猛发展，嵌入RFID、人脸识别等技术为电商、线下实体零售店铺注入了新的活力，为消费者带来了丰富、有趣、便利的消费场景，让消费者在整个消费过程中体验感爆棚。

（1）无人便利店，让消费者更洒脱。人工智能技术让零售行业变得越来越智慧的一个直接例证就是无人便利店，甚至很多人认为无人便利店的出现很可能会变革零售业。会员账号打通、商品链路、支付等技术的突破，能够让零售商在用户配合的情况下完成身份识别、商品识别和支付扣费。

淘咖啡是阿里巴巴在第二届淘宝购物节上推出的一种无人便利店。用户只需要掏出手机登录淘宝，扫码之后即可进店选购商品。在结算的时候，用户从设置好的一道计算门走过即可，所有的购物费用会从支付宝中自动扣除。

（2）智能供应链。国际电商巨头亚马逊创始人杰夫·贝佐斯在分析零售行业未来发展趋势时，认为尽管存在着很多不确定性，但是有三点是不会改变的：首先，质优价廉的东西永远不缺消费者；其次，送货时间越短越受消费者欢迎；再次，选择越多，消费者体验越好。仔细分析杰夫·贝佐斯的这一观点，不难发现其中的“送货快”“质优价廉”都和供应链效率有着很大的关系。

智能化的供应链能够帮助零售商实现三个方面的目标。第一，智能预测备货。智能化供应链能帮助零售商通过历史业绩、促销活动情况、商品特性等数据预测备货，有效减少库存。第二，智能选品。智能化供应链能智能化诊断当前品类结构，优化品类资源配置，最终实现商品角色自动划分、新品挖掘、旧品淘汰等全生命周期智能化管理。第三，智能分仓调拨。通过使用智能化供应链，零售企业可以将商品匹配到距离消费者最近的仓库，最大限度地减少区域间和区域内部的调拨，同时优化调拨时的仓配方案，将成本降到最低。简而言之，建立智能化供应链后，零售企业能实现存、转、流各个环节的高效运转，从而最大限度地优化消费者的体验。

亚马逊很早就意识到了智能化供应链的巨大作用，在全球率先启用了全新的“无人驾驶”智能化供应链系统。在运用云计算、大数据、机器学习和智能系统等新技术、新系统的基础上，亚马逊全新的“无人驾驶”智能化供应链可以自动预测、采购、补货和分仓，根据消费者的实际需求精准发货，从而将海量的商品库存变得井井有条。

（3）依靠个性化推荐提升流量转化率。对零售企业而言，面对越来越“挑剔”的消费者，个性化、定制化的推荐是优化他们消费体验的最佳方法。机器通过解析消费者的浏览足迹、消费记录和预测消费者感兴趣的商品和服务，向其进行个性化的推荐，无疑能够让消费者在最短的时间内满足最迫切的需求。

码隆科技一直致力于发展时尚领域的人工智能，其专注于时尚领域的精神智能搜索，利用深度学习技术，让计算机理解颜色、花纹和材质，使颜色和款式变得可分析。码隆科技的产品能够通过服饰照片快速了解明星、模特们或者其他用户是如何搭配类似服饰的，帮助用户进行最佳搭配。

“衣+”是一个寻找衣物、进行导购的视觉搜索网站，其主要产品有“衣+”边看边买搜索引擎、“衣+”图像、视频标签分析引擎、“衣+”人脸属性分析引擎。这些产品的出现，革新了时尚商品搜索及交易渠道，结合最新的计算机视觉识别、搜索、人工智能和社交网络技术，能够快速地创造人和中意商品的连接，最大限度地优化消费者的体验。

不管是码隆还是“衣+”，都用到了搜索、大数据和图像识别技术，最终目的都是为消费者创造出更好的消费场景，使消费者产生全新的愉悦购物体验。可见，商业智能化让消费者的消费过程更有趣、更愉悦，让消费者更乐于体验。

（4）人工智能让服务更及时、贴心。对零售企业而言，服务是优化消费者体验的重要一环，智能客服的应用降低了人工客服的工作量，提高了问题解决的效率。最初，智能客服被用于回复消费者的咨询和投诉，发展到现在，智能客服已经具备了自然语音处理能力和深度学习能力，能够对商品的有关问题进行回复，根据客户信息定制个性化产品推荐，还能提供修改订单、退换货以及退款等服务。更重要的是，智能客服能根据消费者的浏览足迹、购买记录等精准地判断出消费者的喜好或者需求，继而投其所好，最大限度地提高消费者和商品的匹配度，最大限度地提升成交量。

当前，传统千篇一律的服务形式远远满足不了消费者的需求，个性化成为客户服务发展的一个着力点。在这种大背景下，苏宁抢先推出了能够向消费者提供导购及多领域个性化服务的智能客服“苏小语”。

“苏小语”除了能够告诉消费者详细、准确的商品信息外，还能够和消费者聊天互动，充当“生活顾问”和“娱乐助手”——“苏小语”可以为消费者充话费、点播视频，提供商旅和天气信息服务，可以在消费者情绪低落的时候讲笑话。总之，“苏小语”成功地在消费者群体中为自身贴上了“段子手”等标签，吸引了更多消费者关注苏宁，聚集了人气，提升了苏宁的销售业绩。

1.5　全渠道、大数据、新支付、新体验

智慧零售究竟是以怎样一种形态存在呢？细细探究，我们会发现其具备五个主要特征：全渠道、大数据、新支付、新体验、智能物流。零售企业要想自身变得更加智慧，就必须结合自身实际情况，植入相应的智慧元素，这样才能从根本上实现智慧转型，让自身变得更轻、更精、更准。

1.5.1　全渠道

要想做好智慧零售，全渠道是“标配”。对零售企业而言，消费者是决定购买渠道的“上帝”——想通过什么渠道购买商品就通过什么渠道购买。假如消费者打算通过某一渠道购买商品，零售商却没有开通这一渠道，消费者的钱自然也就到不了零售商的口袋里。所以从这一点上看，全渠道是零售商捕获消费者的一张网，只有在各个渠道上都建立了门店，并且打通了各个门店之间的路径，才有机会捕获更多的消费者。简而言之，全渠道的最终作用就是使零售商融入消费者的生活中，让消费者能够随时随地找到零售商（图1–9）。

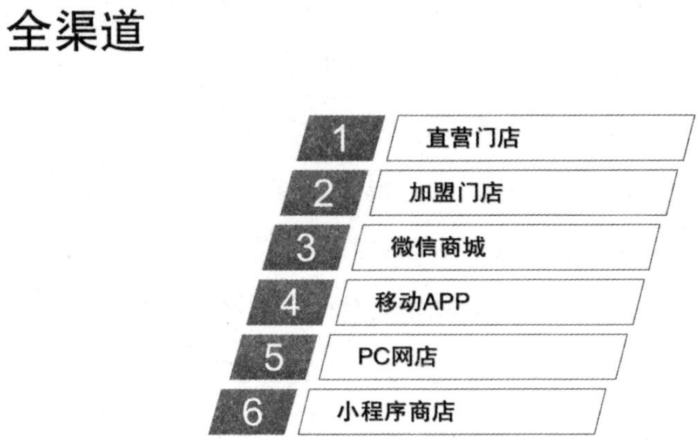

图1-9 全渠道具体形态

备受消费者欢迎的服装品牌歌莉娅就非常善于利用全渠道最大限度地拉近自身同消费者之间的距离，让消费者能够在第一时间找到自己。歌莉娅的全渠道战略可以归纳为“一个核心，三个方面”——以消费者为核心，从“人、货、场”三个方面为消费者提供尽可能多的购买途径选择。正是因为在“一个中心，三个方面”的指导下建立起了自身的全渠道，歌莉娅才能和消费者“无缝对接”，让消费者随时随地能够体验到自身的商品和服务，感受到品牌的魅力。

1.5.2 大数据

有了全渠道的基础，零售企业就可以对消费者在各个平台上的消费行为数据进行捕捉。在互联网技术迅猛发展的今天，消费者的所有消费路径和消费行为都有据可查，绝对不会“船过无痕”——不管多么不起眼的点击或者浏览动作都会被记录下来，而记录这些的就是大数据。通过对这些数据进行细致、全面的分析，零售企业便会对消费者现在的消费行为以及未来的消费倾向有更加清晰、精准的认知。

大数据堪称零售企业的“法眼”，假如没有大数据的支撑，零售企业就可能会变成“无头苍蝇”，失去明确的前进方向，只能在竞争激烈的市场上处处碰壁。零售企业通过大数据，能够客观、全面地认识自己的潜在消费群体，在此基础上“投其所好”，对其进行精准营销（图1–10）。

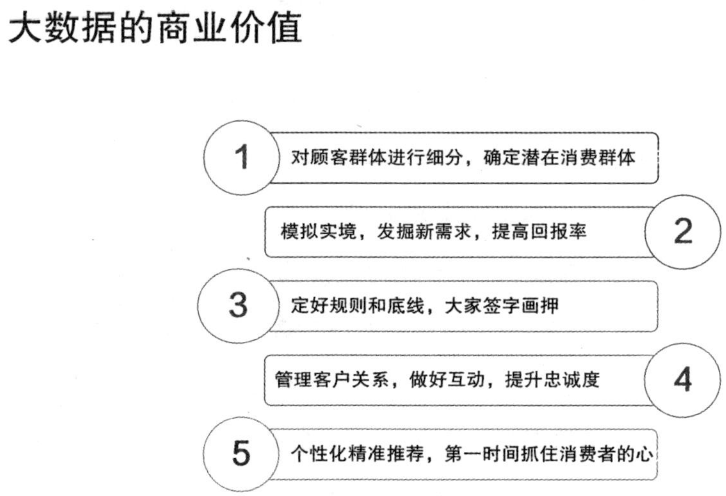

图1–10 大数据的商业价值

京东之家和京东专卖店是基于京东强大的互联网基因和完善的供应链，将线上种类丰富的商品汇集于线下的零售创新体验店。和传统零售门店不同的是，京东之家和京东专卖店能够基于对大数据的深度挖掘，实现消费者行为分析和店内智能化选品，突破了传统零售业态的局限。

以电子价签、Take系统、刷脸支付、“流量漏斗”等为代表的京东自主研发的充满未来感的店内“黑科技”，不仅是京东零售创新体验店实现个性化、场景化购物体验的技术支撑，还是引领未来实体零售智能化发展潮流的风向标。

英国品牌博柏利也非常重视大数据技术，其会采集来自实体店、网店以及移动社交平台上的数据，在此基础上分析顾客的消费行为，构建顾客档案。顾客进店之后，不管服务人员在哪个位置，都能通过系统在第一时间调出顾客信息，了解他们之前的消费记录，在此基础上提供更加有针对性的商品建议和更贴心的服务。

可见，大数据让零售企业具备了“透视眼”的能力，能够对消费者进行全方位解读，成为消费者肚子里的“蛔虫”。这样一来，零售企业必然变得更加聪敏，善解人意，为消费者提供需求最迫切的商品和服务。

1.5.3 新支付

相对于传统的现金、刷卡支付，以移动支付为代表的新支付手段已经成为智慧零售必不可少的重要一环。移动支付利用短信、蓝牙、红外线、无线射频技术等非接触式移动支付手段，使零售行业再次迎来了春天。

移动支付能够为消费者创造更加亲切的消费环境，最终实现钱包的电子化、移动化，为消费者开辟丰富的支付渠道，最大限度地增强了消费者在付款环节的趣味性和便利性。只需要消费者携带手机，就可以解决一切支付问题，从而免去了携带现金和卡片的烦琐。随着自动扫描和自动扣款技术的出现，消费者在支付环节会更加轻松。

在移动支付诞生伊始，其和零售企业之间的关系其实并不密切，现金是当时大多数零售企业最钟情的支付方式。之后随着移动互联技术的迅猛发展，支付宝、微信钱包等第三方支付逐渐被消费者认可和接受，成为人们在消费付款时的第一选择。在这种大背景下，假如零售企业还固执地坚持传统的支付方式，那么必将得罪消费者，最终为消费者所疏远。

中小零售企业可以借助第三方支付构建自身新支付系统，以此给予消费者最大的消费便利。大的零售企业则着手开发出了自己的金融支付体系，推出了自己的第三方支付。

咨询机构eMarkete 在2018年发布的一份报告显示，星巴克的APP是当时美国最受欢迎的移动支付APP。2017年，用星巴克APP完成支付行为的用户数量达到了2070万，比排名第二的Apple Pay多出了100万。

星巴克取得的这一伟大成就，得益于其新支付战略——早在2009年，星巴克就意识到了移动支付的重要性，推出了自己的移动支付系统，并且推出了手机APP，消费者可以在其上提前下单付款，之后在门店取餐。这种便捷的功能和服务大大优化了消费者的消费体验，获得了消费者的普遍欢迎。正是凭借着这种在支付领域上的灵敏嗅觉和优质服务，星巴克快速地在全球崛起，成为消费者，特别是年轻消费者心目中的消费圣地。

在国内，苏宁推出了苏宁金融，在2017年第一季度第三方互联网支付交易规模市场份额中占比2.0%，第三方移动支付交易市场份额达到了764.2亿元。消费者应用苏宁金融，不仅可以实现第三方支付，还能享受到加油卡充值、水电天然气缴费、信用卡还款、手机充值、购票等丰富的金融服务。

1.5.4 新体验

随着社会经济水平的快速提升，手中掌握越来越多财富的消费者越来越在意消费体验，甚至达到了“无体验不消费”的程度。在这种大背景下，做好体验对零售企业而言变得尤为重要，消费体验的好坏将直接决定零售门店客流量、客单价、销售额等的高低，从而将直接影响零售门店业绩。

基于此，智慧零售企业开始做出各种尝试，试图最大限度地优化消费者的体验，让自身和消费者贴得更近。最终，零售体验店出现在了消费者眼前，其除了能够在视觉上给予消费者愉悦体验外，还丰富了消费者和商品接触的各种场景，让消费者得到一种前所未有的逛店体验（图1-11）。

成立于2011年的小米之家便将其自身定位为“消费者的新型体验店”。第一代小米之家倾向于“走进社区”，主要为消费者提供一些售后服务，兼具形象展示功能。之后随着小米业务的快速发展，小米之家从社区走进了写字楼，丰富了线下产品，除了具有之前的售后服务功能外，还为消费者提供手机展示和体验服务。

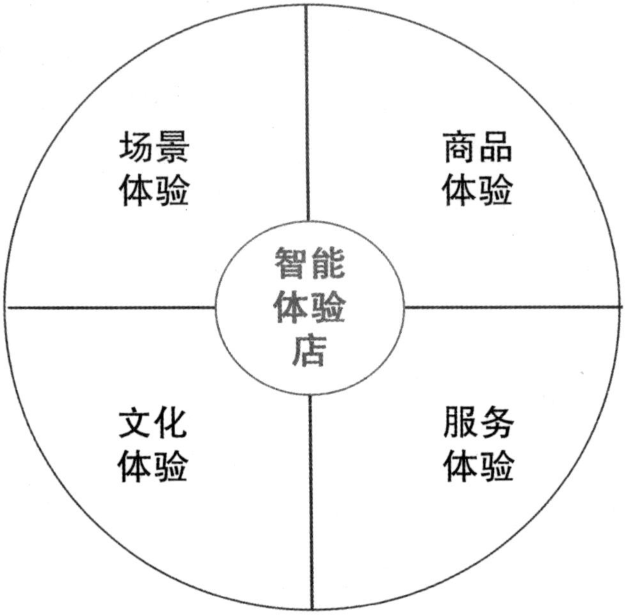

图1-11 智能体验店带给消费者更优质体验

从2015年开始，小米公司开始强化小米之家的智能体验店功能，投入大量人力、财力使小米之家挺进各大城市的商圈，进驻大型商业综合体，开启了大跨越时代。小米公司随后喊出了“线上线下同价”的口号，新产品线上线下同步发售，大大强化了小米之家的营销作用。小米公司在小米之家的装修上也花费了大量心思——简洁却不简单，消费者走进小米之家后，会产生一种舒心、舒适的感觉。除手机产品外，小米之家还向消费者展示小米电视、空气净化器、电饭煲、平衡车、体重秤等产品。

目前小米之家已进驻全国各大中城市，已经成为“米粉”们近距离体验小米生态链产品、参与小米活动的最重要窗口。这种全方位的优质体验，使得消费者对小米生态链产品有了更深刻的认知，对小米品牌更有感情、更信赖。

1.6　5G背景下的零售模式

5G技术的出现，大大提升了零售企业收集信息的速度和能力。在此基础上，零售企业得以利用大数据、物联网等技术提升营销品质，打造更好的体验场景，继而构建更高效的零售新模式。

1.6.1　从商品经营到用户经营

在5G背景下，零售企业获取数据的速度与能力变得更快、更强，从而可以快速地对消费者进行画像和行为分析。如此，零售模式开始从传统的商品经营向用户经营方向转变。

5G技术对零售企业用户经营的帮助主要体现在以下4个方面（图1-12）。

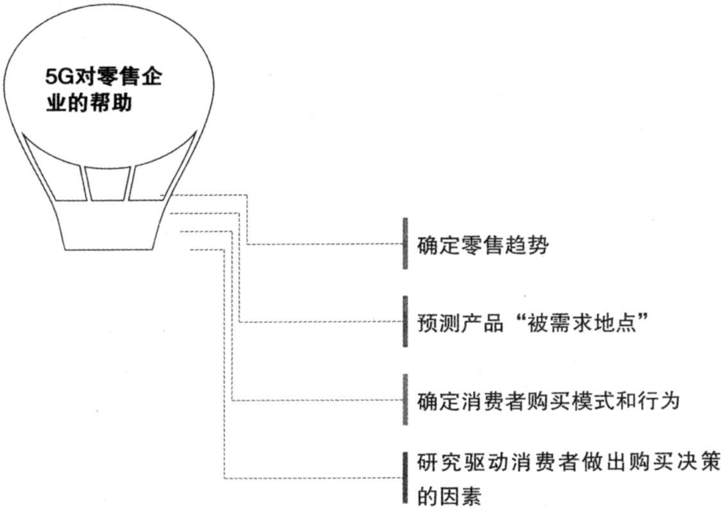

图1-12 5G技术帮助零售企业经营用户

（1）确定零售趋势：通过对零售各个阶段线上线下数据的分析，判断零售行业发展的大趋势，继而更精准地抓住消费者的痛点需求。

（2）预测产品“被需求地点”：通过进行5G大数据分析，零售企业能够快速地找到产品的流动方向，继而预测出什么地方最需要产品，继而调动更多的产品资源满足消费者需求，取悦消费者。

（3）确定消费者购买模式和行为：消费者喜欢采用何种购买模式，倾向于以什么行为进行消费，通过5G大数据可以得到答案。

（4）研究驱动消费者做出购买决策的因素：究竟是什么因素在背后驱动消费者瞬间做出购买产品的决策？功能还是外形？情怀还是性价比？通过5G大数据可以精准地找出这些问题的答案。

高速率、高可靠度的5G网络让零售企业快速收集数据、经营用户变得更简单，从而促使零售企业越来越倾向于做用户经营。

1.6.2 从卖商品到卖个性体验

在5G网络下，移动应用和物联网等技术得以迅猛发展。在此基础上，零售企业向消费者提供的消费体验越来越个性化。体验越新奇，越有个性，消费者对产品就会越有兴趣，越具好感，做出购买决策的意愿就越强烈。

强化消费者个性体验，是更聪明、高效的零售模式，如图1–13所示。

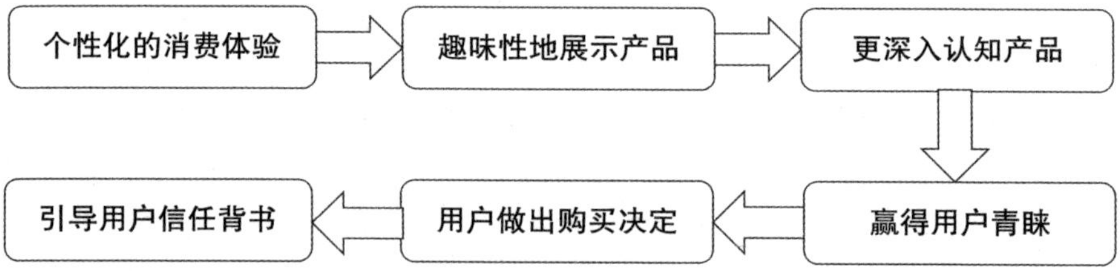

图1–13 卖个性体验的零售模式

将5G技术添加到零售企业现有的网络体系中之后，许多零售商就可以使用更多的创新型技术使消费者产生更具个性化的消费体验，诸如虚拟现实、增强现实、个性化标牌、交互式移动应用、用户的行为模式识别等。

比如，服装店通过应用5G技术可为试衣间安装“交互式魔术镜”。其可以快速地识别消费者正在试穿的衣服，并且调阅消费者相关的消费记录，向其推荐其他搭配衣饰，诸如鞋子或项链。假如消费者对当前试穿的衣服很满意，或者想听一听闺密的意见，可以点击“交互式魔术镜”上的相关按钮，快速地将衣服图片和自己的感受发送到社交平台上。

‖ 第2章 ‖

转型之路，得智慧者得天下

面对互联网经济的冲击，传统零售企业疲态尽显，很多门店承受着巨大的竞争压力，为了生存而苦苦挣扎。摆在传统零售企业面前的路只有一条——自我革新，转型升级。正可谓“转型者生，故步自封者死”，对传统零售企业而言，唯有快速地融入智慧零售大潮中，才会枯木逢春，焕发出强大的二次生命力。

2.1　传统线下零售企业的困局与涅槃

移动互联网技术的迅猛发展，对各行各业都产生了影响，零售行业是受其影响最大的行业。传统的零售行业在互联网大潮的冲击下，暴露出诸多问题，诸如库存高、反应速度迟缓、供应链冗长、体验差等。这些问题的集体“爆发”，让很多中小零售企业不堪重负，最终不得不关门停业。

2.1.1　传统零售企业的“阿喀琉斯之踵”

从本质上看，零售企业要想保持长久的生命力，不断地发展壮大，必须要有利润，也就是能够赚到钱。对零售企业而言，要想赚到钱，就必须提升总收入，降低总成本，如此一来才会获得最大的利润。但遗憾的是，在互联网时代，传统零售企业的产品在价格上越来越缺乏竞争力，在产品、渠道和营销上的投入反而越来越大，这样一来，总体赢利能力下降也就不能避免了。

当前，随着以互联网技术为代表的信息技术的迅猛发展，消费者和零售企业之间传统的信息不对称已经大大减弱甚至消弭，消费者可以轻松地获得零售企业的产品质量、价格等信息。这样一来，零售企业的产品在价格上的透明度就增加了，终端溢价的可能性变得越来越小。对传统零售企业冲击更大的是，电子商务的各项运营成本远低于线下零售实体店，从而在产品价格上获得了更大的竞争优势，给予了消费者更大的选择空间。在这种背景下，为了同电商竞争，很多线下零售企业只能不断地降低产品价格，继而导致价格战迭起，利润空间被大大压缩。

受零售行业竞争越来越激烈、用人成本越来越高等因素的影响，传统零售企业在产品、渠道以及营销方面的成本居高不下，造成投入和产出的严重失调。首先，网络渠道的扩张，让众多产品厂商有了更多的选择，零售终端的议价能力被削弱，导致产品采购方面的成本难以降低。其次，零售门店的租金、用工成本等越来越高，和没有店面的电商竞争起来毫无优势可言。再次，随着线下流量越来越多地向线上转移，传统的促销手段所能起到的效果越来越差，零售企业只能靠不断地加大线上和线下投入来达到预期效果。如此一来，线下零售企业的营销成本也水涨船高。

如此一来，传统零售企业要想获得消费者的好感，就必须在产品、渠道和营销上投入更多人力、物力，承受更大的成本压力，所获得的利润却不断地“蒸发”。久而久之，便形成了恶性循环，使得传统零售企业不断“失血”，最终难以为继。

2.1.2 传统零售企业的涅槃之路

在智慧零售模式下，消费者是零售企业运营的核心，智慧品牌是零售企业运营的发力点，快速、柔性的供应链是零售企业做大做强的关键，线上线下全网全渠道融合则是零售企业运营的必然趋势。

简而言之，零售企业要想变得更有智慧，就必须拥抱互联网，运用大数据和人工智能技术，强化自身对消费者需求的分析和感知能力。在此基础上，零售企业才能对自身产品、品牌、生产和流通等环节进行系统性改造和升级，最终得以围绕目标消费者构建生态圈，最大限度地优化消费者的体验感知（图2–1）。

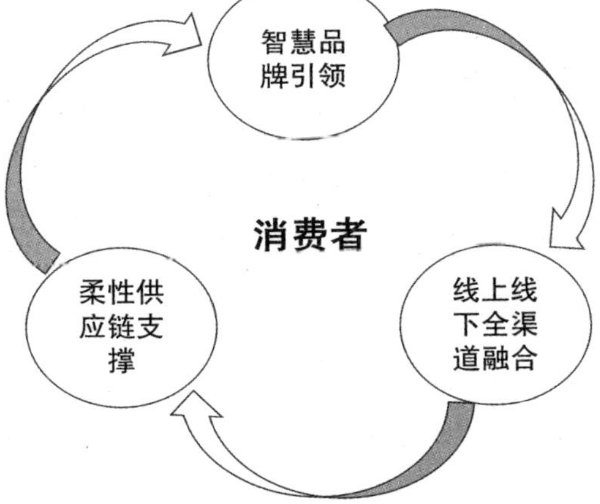

图2-1 智慧零售以消费者为核心

传统零售企业要想成功转型，涅槃再生，必须更好地利用互联网技术、方法和手段，更好地洞察消费者的需求。如此，零售企业才能用更能满足消费者需求的产品和服务最大限度地愉悦消费者。

品牌转移升级：智慧品牌引领

对传统零售企业而言，要想成功转型，就必须结合自身实际深入而系统地拥抱信息化大潮，进行自我革新。特别是在当前移动互联大行其道的背景下，零售企业借助数字化平台可以有效地突破自身在产品展示、品牌传播等方面所受到的时间和空间限制，继而获得巨大的发展空间。

传统零售企业的品牌转移升级可以从以下几个方面做起。

（1）营销要拥抱数字化平台。在互联网时代，数字化平台的出现改变了内容承载的方式，突破了产品展示、品牌传播的时间和空间限制，为营销带来了前所未有的空间。所以传统零售企业在进行营销策划时，要更善于利用数字化平台，做到有营有销、品销合一、品销互促。

（2）做好“粉转客，客转粉”，引导粉丝自发地分享品牌。另外，零售企业还需要将传统传播转为数字传播，在最初考虑的原创性、震撼性、相关性的基础上再加上互动性、趣味性、黏合性和利益化。

（3）传统零售企业的品牌升级是一个系统性工程，还需要做到平台化、生态化、移动化、内容化、社交化、个性化和跨界合作。

渠道转型升级：线上线下全网、全渠道、全场景融合

传统零售企业要想实现华丽变身，成功贴上“智慧”标签，就必须在线上线下融合上下功夫，和消费者实现立体互动，全方位占领消费者市场。在此基础上，零售企业才能获得渠道上的优势，为消费者带来极致的消费选择。

传统零售企业要围绕消费者体验进行渠道转型。传统零售企业转型的目的是优化消费者的消费体验，因此转型需要围绕目标消费者进行。

传统零售企业要融合线上线下渠道优势。零售企业通过应用新技术，可以实现数据统一、货品统一、信息统一以及消费者权益统一，最终实现线上线下渠道的优化，让消费者享受到更加愉悦的消费体验。

商品供应链升级：快速柔性供应链支撑

智慧零售必须有新物流支撑才能打造出让消费者尖叫的消费体验，才能支撑线上线下全网、全渠道零售的服务需求。简而言之，传统零售企业要想向智慧零售企业转型，必须要有自己的快速柔性供应链。

快速柔性供应链需要处理好“人、货、场”的合理配置，实现“人、货、场”的高效精准连接，突破时间和空间的限制，从而更好地适应环境。这样一来，零售企业就可以和外部供应商、分销商以及其他合作伙伴协同作战，实现高效、快速地生产、出货、入库、物流、分销、零售。在内部，零售企业可以打通“战略–品牌–设计–供应–销售”的整体业务链条，更快、更好地满足消费者不断升级的消费需求。

2.2　终端智慧：构建特有商业模式，赋能供应链

对传统零售企业而言，以“场”为核心塑造自身的“长板”，整合资源，打造合作的生态，是转型的一个重要方向。传统零售企业首先要构建有特色的商业模式，只有在终端最大限度地提升消费者的获得感，才能抓住当前消费者不断升级的消费需求，赢得消费者的认可。

2.2.1　终端不断进化才能抓牢消费者

对传统零售企业而言，终端就是直接面向消费者的店面。它以什么形式存在，将直接影响消费者的消费体验——店面场景好，商业模式新，消费者的体验、感受就会舒适、深刻，对零售企业的认可度自然就会高；反之，店面场景陈旧，商业模式固化，消费者的体验、感受必然会很糟糕，对零售企业的认可度也就不会高。因此，传统零售企业需要不断地在终端上进化，在商业模式上进化。

永辉超市的发展就是不断进化的过程。为了能够快速转型，占领消费者市场，永辉超市先后推出了“红标店”“绿标店”“精标店”以及“会员店”，一直发展到了现在的“超级物种”，让自己始终挑动着消费者的心弦，成为消费者关注的焦点。

永辉超市最初发力的“红标店”以卖场形态为主，锁定的目标消费者为大众人群。店内各类商品应有尽有，价格上相对其他超市也比较便宜。之后随着人们生活水平的不断提升，消费者对购物环境、体验以及服务等有了更高的要求。在这种背景下，永辉超市顺势“红改绿”，推出了“绿标店”。“绿标店”在装修上以绿色、灰色等色调为主，时尚而大气，在货品上逐步高端化，引进了大量高端进口商品以及国内的时尚品牌精品。“绿标店”之后，永辉超市意识到了差异化竞争的重要性，为了避开同质化竞争，将“绿标店”逐步升级为“精标店”。“精标店”主打更加优质的服务、更舒心的购物环境以及更优质的消费体验，以

“高端”“优质”的特点成功占领了消费者市场。

“精标店”推出之后，永辉超市紧紧地抓住了中高端消费者。为了进一步释放这些优质消费者的购买力，为消费者提供更加优质的消费体验，强化消费黏性，永辉超市又一次走上了转型之路，推出了“会员店”。“会员店”的目标消费者锁定为中高端消费人群，因此主要开设在各大城市的中高端社区内，以满足中高端消费者对优质商品以及个性化体验的需求。

“超级物种”则是永辉超市着眼于当前消费升级趋势所进行的最新一轮转型升级，其主要在“超市+餐饮”方面进行了深度融合，一方面丰富单品数量，一方面汇集盒牛工坊、波龙工坊、鲑鱼工坊、生活厨房等，最大限度地优化了消费者的消费体验。

“超级物种”着眼于当前最新消费趋势，在工坊系列的基础上打造消费者的美食乐园，向消费者提供海鲜、牛排、面包甜品等。如此一来，“超级物种”必然会更深地融入消费者的日常生活中，成为消费者离不开的美食顾问和生活帮手。

2.2.2 用智慧为供应链赋能

不断进化的终端必然需要智慧的供应链支撑，传统零售企业只有变身为“供应链公司”，才能最大限度地满足不断升级的消费需求，让自身真正融入消费者的日常生活中，成为消费者生活中不可或缺的部分。

（1）供应渠道要尽量扁平化，去掉中间环节。传统零售企业必须要学会用工业化的思维来促进供应链转型，用数据透明化评估，用制度规范化整个供应链体系。只有做到这一点，传统零售企业才能最大限度地降低供应成本，变得更加灵活，在终端给予消费者更多的选择。

海澜之家在供应链管理上就非常扁平化。因为拥有自己的原创品牌，并实现了自产自销，所以海澜之家对从生产到销售的整个流程进行统一管理，以尽可能地减少中间环节、降低成本。海澜之家还首次提出了服装生产新概念，即服装开发从原始的羊毛开始，在国内服装界率先形成了从羊毛进来到服装成品出去的完整产业链。这样一来，海澜之家就实现了从牧场、工厂到卖场，全部利用自身资源，其间没有任何中间商参与，这样就有效地控制了成本，提升了产品的品质，最大限度地让利于消费者。

由此可见，海澜之家的整个供应链是高度扁平化的，充满了接口，将周围的各种资源组织起来，最终形成了一个消费者认可的价值品牌。在这一供应链体系的支撑下，海澜之家得以低成本、高效率地整合各种资源，最大限度地优化消费者的消费体验。

（2）供应链赋能。超级供应链后台是智慧零售企业的“标配”，有了它，零售企业才能更精准地为前台的零售终端赋能，继而建立起丰富的零售业态，为消费者提供更加优质的消费体验，快速占领消费者市场。

永辉超市的供应链可以分为两类，一类面向大众，一类则面向中高端消费群体。当前，永辉超市正在全力打造将所有资源整合、集成起来的第三类供应链平台。平台和终端之间并不是单纯的买卖关系，也不是传统的加盟关系，而是赋能关系。

由此可见，所谓“赋能”，是指零售企业构建起智慧供应链平台，依托强大的互联网技术，将自身零售终端和目标消费者更紧密地联系在一起，最终实现实时、高效的互动。做到了这一点，零售企业必然能够更好地解决消费者的痛点，更深入地融入消费者的生活中。简而言之，赋能就是一个零售企业利用智能供应链平台，实现自身和消费者共赢的过程——最大限度地削减自身渠道、促销和产品的成本，提升、优化消费者的获得感和体验。

2.3 算法智慧：借助大数据精准锁定消费者

对传统零售企业而言，借助大数据，能够练就“读心术”，对消费者的消费行为做出预判。这样一来，传统零售企业在消费者下单之前，就能为目标消费者精准地制订一整套愉悦的购物方案。如此，传统零售企业借助大数据实现了精准营销，自身品牌在消费者心目中的地位自然也就越来越高了。

2.3.1 数据之于传统零售企业的五个价值

传统零售企业拥抱大数据，会让自身的营销和决策变得更加智慧，让自身对于消费者更有价值。

数据对于传统零售企业而言非常重要，具体而言，有以下五个价值。

（1）帮助管理层进行科学决策。传统零售企业拥抱大数据后，管理层通过一系列数据分析，对整个营销活动的了解会更加全面、准确，可以实时掌握自身缺点，继而能够快速地做出矫正。也就是说，在掌握数据后，传统零售企业可以更加精准地掌握信息，快速地进行科学决策。

（2）优化供应链。高效的供应链，对传统零售企业异常重要。借助大数据，传统零售企业能够更加科学地对现有供应链进行优化，做到现货、半成品、原材料“门儿清”。更重要的是，大数据能够高效地帮助零售企业匹配订单、仓库和配送资源，从而降本提效。

（3）精准化、个性化营销。大数据的运用，让传统零售企业可以更精准地对目标消费者进行画像，继而更加精准地了解消费者的消费习惯和痛点，满足他们的个性化需求。另外，借助大数据，传统零售企业得以实现销售上的叠加效应，灵活地分配资源，为消费者提供更优质的消费体验。

（4）推动创新。大数据的运用，在很大程度上推动了传统零售企业在产品、服务以及模式上的创新——互联网技术的快速发展、大数据的迅速普及，将品牌商、制造商和销售商实时串联在了一起，将产品设计、生产、制造、零售等环节有机地串联在了一起，形成了完整的数据链路，让“以销定产”成为可能。更为重要的是，在大数据的支撑下，传统零售企业可以更精准地掌握消费者需求的升级趋势，继而有针对性地迭代商品，向目标消费者提供更有价值、更加舒心的产品和服务。

（5）帮助传统零售企业高效调整商品策略。大数据的运用，使得传统零售企业对市场发展趋势的预测更加精准。在此基础上，传统零售企业就可以科学地确定不同季节、不同活动中的备货数量，优化商品组合，调整商品售价。

2.3.2 精准营销助力传统零售企业蜕变

基于大数据，传统零售企业能够通过详细分析精准地预测消费者的消费喜好，采用个性化推荐、动态价格优化等方式实现精准营销。

个性化推荐

随着消费者需求的升级，越来越多的人倾向于获得个性化的产品和服务。传统企业基于移动互联和大数据技术，能够更科学地掌握消费者的个性化需求，分析他们的消费行为，继而制订更有针对性的营销策略。如此一来，传统零售企业的营销就会变身为“智能炸弹”，能精准地击中目标消费者的痛点，满足他们的个性化需求。

什么数据对传统零售企业分析消费者个性有价值呢?

（1）目标消费者的行为数据。通过对消费者行为数据进行分析，传统零售企业得以掌握消费者的生活轨迹，继而“奉上”个性化推荐。比如在掌握目标消费者群体的上班时间点后，我们就可有针对性地向他们发送早餐、午餐优惠券，吸引他们进店就餐。

（2）目标消费者的网络数据。传统零售企业通过分析目标消费群体的社交网络数据，可以以他们好友的身份，向他们推荐产品和服务。更重要的是，有了好友身份的加持，目标消费群体会更乐于分析零售企业的产品和服务信息。如此一来，零售企业也就可以融入更多消费者的朋友圈，获得更多推荐，树立更好口碑。

（3）基于上下文的数据。上下文具体可以分为时间上下文和地点上下文。所谓“时间上下文”，是指零售企业根据消费者在时间上展现出来的习惯向他们有针对性地推荐产品和服务。比如一家超市根据女性消费者每天来超市的时间向她们推荐半成品食材，赠送餐饮优惠券等。这种推荐便更有针对性，满足消费者需求的概率必然更高。地点上下文则是指零售企业根据目标消费者所处的位置信息向他们推荐最近的消费场所，帮助消费者快速获得满意的产品和服务。

零售巨头沃尔玛的一家名为Code Eight的子公司，为了满足目标消费者的个性化需求，专门研发了一款“忙碌的纽约妈妈”个人购物服务系统，用于向居住在纽约中高端社区里的妈妈们提供家庭生活必需品、健康美容用品以及服饰等。Code Eight基于每位妈妈在成为会员时所填写的基本资料和调查问卷，对其进行个性预测，在此基础上向妈妈们推送更具个性化、专业化的产品和服务信息。

动态价格优化

对零售企业而言，价格优化是一个非常重要的部分，因为只有较低的价格才能吸引消费者的关注，让大家乐于下单付款。零售企业通过实施商品价格监控，分析不同来源的数据，比如消费者在网页上的浏览记录、某件商品在仓库中的存货、同一件商品不同竞争商家的定价、历史订单、对某个品类商品的偏好、对商品利润的预期等，得以快速、精准地调整相应商品的价格，以期更好地满足消费者的价格预期，提升商品的销量。

为了用动态化价格吸引消费者，让大家因为特定时间段内的“低价”而疯狂，英国很多零售店引进了“智能货架”。这种货架上面的价格是数字化显示的，零售商可以使其在每天不同时间显示不同的标价，以及有关产品信息。比如，通过建立电子定价系统，零售店可以方便地调整产品价格，在早高峰时段将面包等标价调低，这样可以让上班族在占便宜心理的支配下迅速做出购买决定，从而大大提升了食品类产品的销量。

2.4　粉丝智慧：“我”就是明星，“我”就是上帝

传统零售企业和消费者之间是一种单纯的买卖关系，总体上缺乏互动性，缺乏情感上的交流，是一种冰冷的商客关系。而在智慧零售模式下，零售商和粉丝之间的关系是互动型的，情感上的交流比较频繁，零售商成了消费者眼中的明星，成了消费者心目中的上帝。这样一来，消费者不管出于刚性需求还是情感上的需求，在购买产品时都会将崇拜的零售品牌作为首选。

2.4.1　创造“粉丝文化”，走进消费者需求链

传统零售企业要想拥抱粉丝经济，最有效的方法就是营造“粉丝文化”，通过建立虚拟社区、举办粉丝节等方法，不断地和粉丝进行互动，持续倒逼产品、服务迭代更新，将服务和产品打造成粉丝眼中的“明星”，从而顺利地走进消费者的需求链。做到这一点，我们就能更加契合消费者的生活方式，持续进行粉丝流量的变现。

小米公司之所以能够成为一匹黑马，快速占领消费者市场，最主要的一个原因就是其创建了独具特色的“米粉文化”，走进了米粉们的需求链。在此基础上，小米成功地将线上和线下融合到了一起，建立了一个高黏性虚拟社区，以其为营销阵地，营造了拨动米粉心弦的“为发烧而生”的小米产品文化，继而对小米产品产生了情感上的信任。

由此可见，小米的成功之路其实就是一条围绕着粉丝构建产品文化的路，将目标消费者转变为粉丝，通过不断迭代产品，将粉丝和产品紧密地连接在一起，

最终实现变现。

综上，对传统零售企业而言，仅仅关注产品是绝对不够的，特别是在当前移动互联的大背景下。要想获得更强的竞争力，占领更大的市场份额，零售企业就必须学会和粉丝互动，建立自己的专属粉丝社区，营造带有自身明显标记的粉丝文化。只有做到这一点，传统零售企业才能真正走进粉丝内心，成为他们生活中不可或缺的一部分。

2.4.2 做好粉丝营销，才能近水楼台先得月

粉丝智慧的一个最主要表现是围绕粉丝开展一系列高体验性的体验营销活动，让粉丝得以获得愉悦的参与感，感受到零售企业产品的真正魅力。如此，零售企业才能快速地占领消费者市场，获得粉丝毫无保留的支持和推荐，才能快速地将人气和流量变为强大的购买力和利润。

小米之家的终端消费场景和其他的手机零售店相比其实并没有多大的特色，支撑其取得高绩效的是小米的粉丝营销——小米之家不仅是直营客户的服务中心，为米粉提供小米手机以及技术支持、配件自提等服务，还是小米粉丝的交流和活动场所。小米之家的每一位员工都将做好到店消费者的体验服务视为重中之重，力求让大家产生不一样的体验。

为了让米粉产生更好的体验，小米之家推出了免费激光雕刻服务，为米粉在产品金属表面雕刻喜欢的文字或图案。年轻人追求个性，喜欢创意，这种雕刻让众多年轻消费者对小米产品的喜爱之情更加浓厚。另外，在小米之家举办的活动仪式感也非常强，比如其所推出的“小米护照”，就吸引了众多米粉的眼球。因为只有拿到了它之后，米粉们才会发自内心地认为自己有了“身份牌”，找到了大家庭，归属感爆棚。

更重要的是，小米之家是米粉们的“活动之家”——每个城市的米粉都会在当地的小米之家找到志同道合的人，可以组织聚会，形成一个具有相同兴趣的群

落。这样一来，小米之家也就成了粉丝们心中的第二个家，成了精神上的寄托。所以，米粉们对小米的喜爱远远超出了产品和服务层面，上升到自发推荐和维护的层次，使得小米品牌的价值得以无限提升。

2.4.3 玩转短视频，打造网红零售品牌

随着移动互联技术的迅猛发展，越来越多的人被卷入到短视频的世界里。从最初的新鲜好玩，到成为社交的一部分，短视频成为人们茶余饭后关注的焦点，以抖音为代表的短视频类社交平台产生了巨大的魔力。假如零售企业能够玩转短视频，将自身产品或品牌打造成网红，那么自然就不缺粉丝关注，利润自然也就滚滚而来。

要想火起来，零售品牌的短视频需要具备以下特点。

（1）风格化：零售品牌的短视频要拍出自己的风格，要彰显自身的个性和特色，因为有自身的风格，零售品牌的短视频才具有强大的辨识度，才会在第一时间引发消费者关注和分享。

（2）垂直化：零售品牌要明确自身产品和服务的受众，比如美食零售商自然要找到爱美食的受众，如此零售品牌的短视频才更容易引发关注和分享。

（3）个性化：很多时候，与众不同也能让零售品牌的短视频脱颖而出，要么美，要么萌……只要将这种个性极致化，就必然会给大家营造出一种新奇感，快速地吸引人们关注。

（4）颜值+短视频文化和精神：零售品牌的短视频中要有高颜值，要具备浓厚的短视频文化和精神，火起来的概率才会大。

2018年，“一杯可以占卜的茶”在抖音上突然蹿红，20多条短视频获赞111.8万。从2018年1月14日开业到2018年3月14日，短短的两个月时间内，品牌官方微博显示，其共签约了250多家加盟商。它到底是怎么火起来的？答案很简单——借助抖音无限放大了“占卜预测”的趣味性。

大家只要在杯套或者便利贴上写下自己想要提问的问题，就能收获一杯属于自己的“答案茶”。问题的种类很宽泛，几乎所有的问题都能给出答案，而且答案中往往藏着巨大的惊喜。这种充满神奇色彩的答案茶满足了消费者探求未知的心理，很多消费者往往会在期待答案的时候在心中默念自己的问题，期待出现对自己有利的答案，这样一来整个过程就充满了超强的仪式感。如此，答案茶才会在抖音上火起来，成为网红品牌。

2.5 跨界智慧：制造更多闪光点，让消费者尖叫

有人说雷军是跨界典型人物，因为他从金山软件跨界到小米智能手机，而且做得很成功。事实证明，各个行业都是有相互联系的，很多产业的边界绝非不可逾越。

阿里巴巴虽然是电商的代表，但是依然跨界金融行业、娱乐行业乃至物流行业：2013年与海尔携手打造大件物流配送体系；2015年阿里旗下的快的打车和腾讯的滴滴打车合并；2018年，阿里投资高鑫零售、tokopedia、万达电影、居然之家、饿了么和联华超市，并私有化了银泰商业……这说明在互联网世界里没有什么不可能，跨界可以实现共赢。

在高度开放的市场中，零售企业更应该主动跨界，以寻求生存和发展。零售商及时拥抱互联网和新技术，开辟网上销售线，这是一种跨界；零售商实现线下与线上合作也是一种跨界；零售商之间合作、零售商与互联网企业合作等都是合理的跨界。事实表明，跨界不仅是互联网思维的代表，还是零售企业拥抱智慧的必然选择。

所以说，零售企业必须要实现跨界合作，寻求更有利的发展，及时改变和颠覆自我，才能长期、稳定地拥有粉丝和市场。

2.5.1　与热门移动社交软件携手实现跨界

如今，微信可以说跟人们的生活息息相关，零售企业可以结合自身实际，与微信开展跨界合作，借助微信庞大的用户数量传播自身品牌，吸引消费者关注。

随着微信的流行，必胜客敏锐地抓住了其中的商机，引进了一套“智能餐厅”系统，成功地和微信携手实现了跨界。应用“智能餐厅”系统，必胜客可以让进店的消费者享受到微信点单、付款的便捷服务，有时消费者还能在点餐的同时收到电影票。

通过和微信合作，必胜客成功地吸引了年轻消费者的眼球。这些年轻消费者热衷于微信支付，当他们走进必胜客餐厅时，只要掏出手机，打开微信，使用“摇一摇”功能，就有可能获得微信“微票儿”提供的免费电影优惠券、微信电影红包、必胜客优惠券，既实惠又富有趣味性。这样必胜客联合微信开展的跨界活动自然成了年轻消费者眼中的“香饽饽”。

事实上，这不是必胜客第一次收到互联网跨界的橄榄枝，在此之前很多互联网企业找到必胜客，想要寻求跨界合作，但是必胜客都婉拒了。最终必胜客之所以选择了微信，是因为必胜客看中了微信在客户心目中的位置——在中国，微信已经成了每个人手机上的“标配”，几乎没有人不玩微信。

当互联网发展到一定阶段之后，互联网企业与零售商就会产生跨界合作的冲动，以寻求线上与线下的深度融合。做好这一步，零售企业就能获得“互联网+”式呈几何倍数增长的红利。在必胜客看来，这次与微信的跨界合作，让消费者在餐厅内获得了一种新奇的用餐体验：消费者在来必胜客的路上就已经使用微信得到了“排队号”，不需要再进店排；到了店里，即便服务员不在眼前，消费者也可以拿出手机自主点餐；用餐期间消费者还可以用微信“摇一摇”功能摇到电影票，饭后与好友顺便去看个电影……必胜客与微信的这次跨界合作堪称完美。

2.5.2 精准定位才能精准跨界

零售企业要想成功跨界，需要精准定位，那么如何进行精准定位呢？首先零售商要明确自身的消费群体，然后明确自身的消费群体有哪些特点、哪些需求，再选择与之相对应的企业或者品牌进行合作。

布丁酒店是一个针对年轻时尚人群的时尚酒店，为了吸引更多客户，其学习网店营销模式，开始做跨界。布丁酒店选择的合作对象是同样年轻的熊猫拿拿。熊猫拿拿是一个专门针对年轻白领人群的上门推拿服务品牌，创立于2015年1月，2015年3月初正式运营，业务开展区域主要为公司、酒店、商场等人流密集的地方。熊猫拿拿的特点是用户线上预约，系统自动匹配“有空”“距离近”“服务好”的推拿师为客户提供上门推拿理疗服务。

因此，综合来看，熊猫拿拿与布丁酒店恰好有共同的消费群体，于是开始跨界合作。

具体流程是这样的。布丁酒店在微信公众号发布信息：“布丁酒店携手熊猫拿拿，必有惊喜！”消费者只要关注布丁酒店微信公众号，就能够获得布丁酒店送出的熊猫拿拿80元优惠券。消费者进入微信公众号，点击布丁社区中的“阿布精选”，里面有一个“理疗按摩”选项，点击就会出现熊猫拿拿的上门推拿优惠券领取路径，消费者只需要填写手机号码，即可获得这张优惠券。

布丁酒店与熊猫拿拿的这次跨界合作实现了共赢。布丁酒店将其客户分享给了熊猫拿拿，而熊猫拿拿的客户也因此了解了布丁酒店，有助于其形成后续消费。通过微信的推广，布丁酒店和熊猫拿拿的知名度都得到了一定的提升。

当然，跨界合作的形式并非只有这两种，零售企业应该根据自身的具体优势、特点来选择合适的互联网企业并肩携手。

2.6　组织智慧：将店开在消费者的指尖上

传统零售企业要想顺利转型，在竞争激烈的零售市场上占有一席之地，就必须要在组织上做出改变，由传统的臃肿、笨拙的组织结构转变为轻巧、灵活、高效的组织结构。只有做到这一点，零售企业才能精准地抓住消费者不断升级的消费需求，将店开在消费者的指尖上。

2.6.1　传统零售企业组织转型三部曲

对传统零售企业而言，为了适应互联网时代快速变化的商业环境，必须不断地调整自身战略，而战略的调整需要组织转型的支撑。对零售企业而言，战略是大脑，组织是支撑身体的骨架，战略上的转型只有得到组织转型迅速而有效的支持，才能成功（图2–2）。

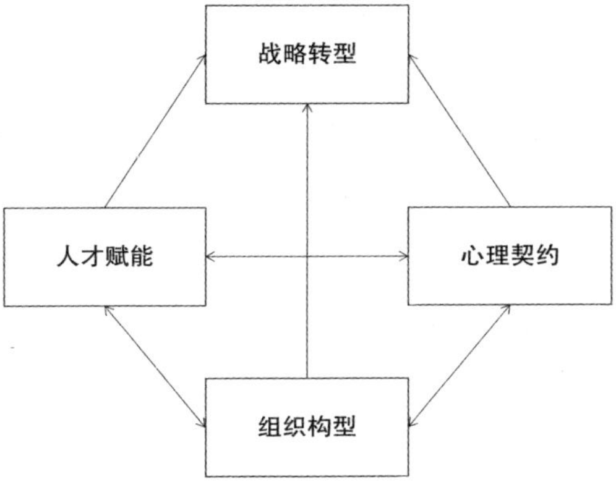

图2–2 企业战略转型需要组织转型支撑

（1）组织构型。传统零售企业需要立足自身组织的实际状况，打造激励型组织模式。这种组织模式一方面要灵活、高效，另一方面要对员工更具激励性，如此才能更有效地提升自身竞争力。

（2）人才赋能。传统零售企业需要在组织内部尽可能地打造出一个“人才池”，一方面储备具备专业知识和技能的人才，一方面立足现有员工进行挖潜，从而提升整个组织的战斗力和创造力。

（3）心理契约。传统零售企业需要调动起员工的工作积极性，才能从根本上为组织注入活力。要想提升员工的工作积极性，传统零售企业就必须对员工进行持续关怀，为此需要健全激励和关怀制度，满足员工合理的需求，帮助他们更好地成长。简而言之，传统零售企业需要给予员工安全感、幸福感、获得感和归属感，让员工享受到企业发展红利。如此，员工才会视企业为家，更加主动、积极地投身于工作。

2.6.2 做好构型，让组织更高效

对传统零售企业而言，连锁模式是一个不错的选择，在总部这个“火车头”的带领下，可以快速地利用连锁店扩大企业规模。但是需要注意的是，在连锁模式下，各个连锁店是没有独立性的，其必须按照总部制订的标准运营，总部决定了各个连锁店的发展方向，控制着它们的规模。

其实，相对于连锁模式，事业部制更适合传统零售企业的转型需求。在事业部制模式下，零售企业的每一个事业部都是相对独立的，都有明确的市场定位，有明确的年度营收目标，有具体的考核标准。在这一模式下，传统零售企业需要组建金融、物流、零售三大集群，然后在三大集群下面建立事业部。简而言之，传统零售企业要想建立事业部制组织模式，就必须将原有的组织结构“打碎”，转型为更灵活、更碎片化的事业部门。

苏宁易购就通过转型为事业部制组织模式获得了更强的活力和市场竞争力。转型后，苏宁易购组建了二十多个事业部门，具体措施有四：第一，通过一系列并购，将PPTV、红孩子等纳入进来；第二，根据市场发展情况开展新业务，诸如超市、金融等；第三，将原本的核心业务电器进行细分，拆分为空调、水洗、彩电等事业部；第四，针对虚拟产品成立新的事业部，给予其独立运营权利，自负

盈亏。经过一系列的调整，苏宁易购在整体上变得更加灵活、高效，能够使消费者产生更优质的消费体验，从而大大提升了自身业绩。

2.6.3　培养好人才，让组织更健康

人才是组织健康运转的根本，只有持续不断地获得人才，组织才能永葆活力，才会持续高效运行。因此，传统零售企业要想做好组织转型，就必须重视人才的培养，做好人才能力挖潜，打造好人力资源供应链。

一般而言，传统零售企业可以通过三个渠道打造自己的人才队伍。

其一，格式化。所谓格式化，就是零售企业对新员工进行统一的培训，通过培训强化新员工对企业文化和价值观的理解和认同，促使他们养成良好的工作习惯。这样一来，零售企业便可以快速、高效地整体提升员工的专业技能和职业操守，保持组织的健康。

其二，职业化。所谓职业化，是指零售企业引导员工熟悉工作的各项流程、标准，强化员工对流程重要性认知的过程。因为对企业而言，只有员工能够严格地执行流程、标准，企业才能产出完美的产品和服务，才会使消费者产生更加优质的消费体验。为此，传统零售企业可以通过定期考核强化员工对流程、标准的认知，提升员工的专业技能和职业操守。

其三，专业化。所谓专业化，是指传统零售企业有针对性地对员工进行专业技能方面的培训，帮助员工提升专业技能，储备最新岗位知识，继而从整体上提升员工履行岗位职能的专业技能，做出更好的产品，提供更优质的服务。

苏宁致力于打造专业性的人才队伍，为此投入26亿元成立了苏宁大学，为各个岗位培养专业人才。在苏宁大学的支撑下，苏宁可以针对组织转型对人才的需求进行定制化培养，将最合适的人放在最合适的岗位上，从而保证各个部门的高效运转。正是因为建立了高效的人才培养体系，苏宁源源不断地得到了人才输血，促使战略目标快速实现。

2.6.4 凝聚人心，组织才更有战斗力

零售企业组织转型期间，需要员工和企业同心协力，共同面对各种困难。假如这个时候企业不能凝聚人心，导致员工和企业不在同一频道上，那么零售企业的组织转型就会缺乏动力，甚至失败。因此，零售企业在组织转型期间必须要凝聚人心。

那么零售企业可以从哪些方面凝聚人心呢？一般而言，要想最大限度地获得员工的认同感，释放员工的工作热情，零售企业可以从以下三个方面入手。

（1）提升员工待遇。对员工而言，企业好不好，首先反映在企业给予的待遇上——待遇越高，企业就越好；待遇越差，企业就越差。因此，传统零售企业需要不断满足员工薪酬增长的需求，让员工充分享受到企业发展红利。企业一方面需要构建绩效奖励制度，一方面需要推行股权激励制度，对员工进行长期激励，这样才能在员工心中注入幸福感和归属感。

（2）提供更多发展机会。对优秀员工而言，虽然薪酬很重要，但是职业发展前景同样重要。对他们而言，更广阔的发展空间、更好的发展机遇具有更大的吸引力。因此，传统零售企业需要为员工提供更多的晋升通道，构建更公平的晋升环境，这样员工对企业的归属感和认同感自然也就更强烈。

（3）做好文化价值引导。传统零售企业需要在组织转型过程中，强化文化建设，加强对员工价值观的引导，使员工的思想与企业的核心文化价值相统一。如此，企业上下才能始终凝聚在一起，保持强大的战斗力。

2.7 流量智慧：得用户者得天下，打造私域流量池

当前，零售企业，特别是中小零售企业的获客成本越来越高，已经成为持续赢利的最大障碍。零售企业要想低成本获得流量，持续获客，在公共流量之外需

要打造私域流量池。

2.7.1　得私域流量者得客户

私域流量是相对于百度、京东、淘宝这类公共流量平台而言的，是指我们可以自由、免费且能反复利用的流量。私域流量对我们而言是可以随时触达的，往往沉淀于抖音号、头条号、个人微信号、微信群、公众号等自媒体渠道，属于我们的“私有资产”。

当前，流量红利时代已经结束，零售企业线上获得客户的成本正在成倍飙升。一方面，中国网民人数已经趋近总人口数量，意味着互联网上的公域流量已经趋近饱和；另一方面，零售企业数量还在快速增加，且各零售企业之间的流量竞争日趋激烈。在这种大背景下，零售企业越来越看重客户运营，开始从传统的流量思维转向用户思维，如图2–3所示。

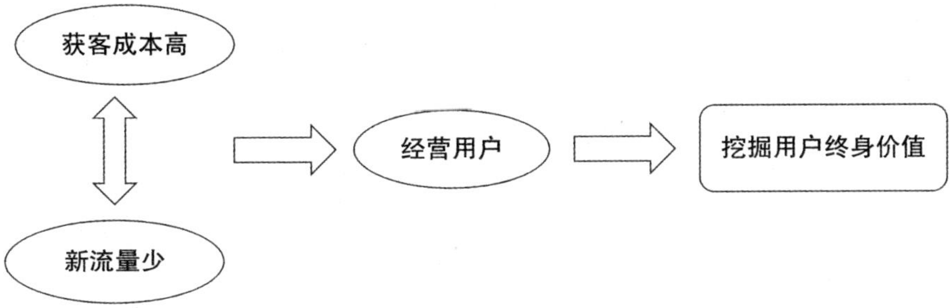

图2–3 零售企业客户运营的本质

在飙升的获客成本的压力下，企业必然会重新审视客户的终身价值，必然会更好地经营用户，维护老客户，如此才能引导客户复购、再复购，引导老客户带来新客户。

一家超市花费了20元获得了一位新会员，这位会员第一次在超市消费了200元。假如这家超市不和该会员建立持续连接，不去维持关系，这位会员从此以后可能就不会再进店消费了。但是假如这家超市能维持和该会员间的连接，持续吸引该会员的注意力，诸如引导他关注超市的公众号，将他拉入微信群，等等，经常和其互动，向其传递超市产品优惠信息，赠送小礼品，那么该用户自然就会倾向于将超市贴上“首选购物超市”标签，持续不断地在超市消费。

由此可见，私域流量的价值在于挖掘用户终身价值。通过构建自身的私域流量池，零售企业能够更好地进行客户运营，继而挖掘客户价值，持续不断地创造价值。

2.7.2 私域流量之于零售企业的价值

零售企业构建自身专属的私域流量池，最终目的在于挖掘客户的终身价值。那么具体而言，私域流量之于零售企业有什么价值呢?

私域流量之于零售企业主要有三种价值，如图2–4所示。

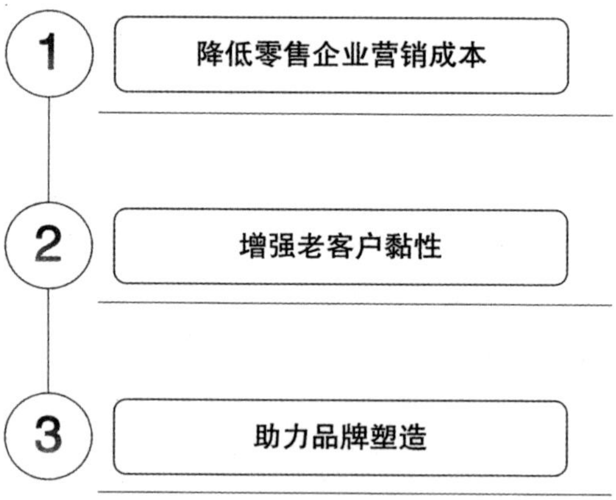

图2–4 私域流量之于零售企业的价值

（1）降低零售企业营销成本。在之前的流量红利时代，零售企业其实并没有主动连接客户，比如零售企业在淘宝平台上通过直通车获得足够流量后，客户消费后，其身份还是“淘宝客户”，而非零售企业的客户。假如零售企业能够将每个客户成功地拉进微信群，那么就可以和客户直接联系，进而获得客户的信任背书。

一家零售企业抽调了2名员工运营微信号（共注册了20个微信号），一个负责客户服务，一个负责内容运营，一年后积累了4万个老客户。每当有新产品推出时，零售企业就会在朋友圈发布相关信息，在微信群里进行宣传。令人惊喜的是，在一年的时间里，20个微信号共创造了500万元的销售业绩，节省了30万元的宣传费用。

（2）增强老客户黏性。零售企业通过微信等经常和老顾客互动，邀请他们参加活动，赠送小礼物，可以慢慢地培养感情，提升老客户的品牌忠诚度。零售企业和老客户建立的连接越牢固，连接渠道越多，老客户群体的稳定性也就越强，就越不容易流失。

（3）助力品牌塑造。私域流量池打通了零售企业和客户以及客户之间的互动路径，从而使得零售企业品牌在客户之间的“口口相传”有了可能，最终产生叠加效应，能帮助零售企业快速地在客户群体中树立起良好品牌形象。比如小米品牌的快速崛起就归功于有无数客户参与的米粉部落，大家通过朋友圈、微信群、QQ群等相互传播小米品牌信息，最终无限放大了小米品牌的影响力。

2.7.3　零售企业打造私域流量池三法

既然私域流量之于零售企业有着如此重要的作用，那么零售企业应当如何打造自己的私域流量池呢？

（1）利用社交工具打造私域流量池。随着移动互联网的迅猛发展，QQ、微信、抖音短视频等已经成为人们生活中必不可缺的社交工具，不管在什么地点、什么时候都可以打开，和亲友交流几句，抑或“刷一刷”消磨时间。因此，零售企业利用好社交工具，能够有效地和客户建立连接，快速地拉近自身和客户间的距离。

小张在苏宁易购上经营着一家服装店，规模不大，一年下来所获利润也不太多。小张在经营过程中感受最深的就是“缺流量”，不管是线上推广还是线下推广，成本都变得越来越难以承受。后来小张注册了一个新微信号，起了一个很有个性的名字，换了一个很有识别度的头像，将老客户加为微信好友。

之后，小张主要从三方面做起，构筑自身的私域流量池。

①想尽办法将客户变为微信好友。为了能够让客户加微信，小张想了很多办法，诸如加微信享受折扣，加微信包邮，加微信领红包，等等。

②打造高品质朋友圈，主要发布日常生活内容，偶尔发一些段子和鸡汤。

③强化互动，如和客户进行一对一聊天，点赞客户的朋友圈，快速回复客户评论，第一时间响应客户提出的服务请求。

就这样，小张和老客户之间的连接黏性越来越强。几年下来，仅仅微信销售这一项就产生了150万元销售额，相比之前没有运营微信时的销售额增加了数倍。

（2）利用微信公众号打造私域流量池。微信公众号做得好，可以获得巨大的私域流量，比如财富类的公众号牛弹琴、财经早餐、中国经济网所发布文章的平均阅读量都在10万以上。

要想做好公众号，零售企业需要组建专门的运营团队，并重点做好、做强以下两个方面。

①内容。微信公众号的灵魂在于内容，内容做得好，有特色，有亮点，有卖点，才能牢牢抓住客户眼球，沉淀越来越多的流量。

②社交。微信公众号必须具有强烈的社交属性才能留住客户，引导老客户介绍新客户。因此，零售企业不仅需要强化自身和客户之间的互动，还需要为客户之间的互动构建桥梁，让大家能够自由、开心地沟通互动。

（3）利用企业自有APP打造私域流量池。企业立足于自有APP，让客户产生无与伦比的服务体验，会快速地拉近自身和客户间的距离，吸引大量客户聚集，比如小米社区、孩子王、Nike+等。

第3章

思维决定结果，新时代零售需要更智慧

思维决定行动，行动决定结果。对零售企业而言，要想占得先机，获得差异竞争力，就必须在思维上领先一步。特别是在智慧零售时代，零售企业更要在思维上进行创新，抓住零售的本质，不走寻常路，这样才会处处领先竞争对手。

3.1 门店永远不会消失，但需更有趣、更出彩、更有新意

在消费者越来越看重体验的今天，虽然电商迅猛发展，但实体门店更有前途。只要做到更有趣、更出彩、更有新意，那么门店就会焕发出强烈的吸引力，成为消费者选择产品和享受服务时的首选。

3.1.1 消费者越好奇，产品越好卖

好奇是人类的天性，每个人的大脑中都潜伏着探奇的欲望，这种欲望成为人类行为动机中最有力的一种。假如零售企业能够巧妙地利用消费者的好奇心，用创新性的服务满足消费者的喜好，吸引消费者的目光，激发消费者的探求心理，那么就能为自身带来超强的人气和流量，带来滚滚财源。

在香港，一家专营胶黏剂的商店为了推广“万能强力胶水”，将消费者吸引到店里来，想出了一个非常新奇的办法。店主将一枚金币用“万能强力胶水”粘在了店内的墙壁上，对外宣称：“谁能徒手将墙上的金币抠下来，金币就归谁所有。”这个消息一传出，大家的好奇心立即就被调动起来了：那种胶水真有那么厉害，让店主敢拿出一枚金币来“赌”？一时间，这家商店门庭若市，有想要将金币收入囊中的挑战者，有看热闹的观众，有大有小，有男有女。但是许多人尽

管费了九牛二虎之力，最终却没能将那枚金币从墙上抠下来。期间还有一位自诩力拔千钧的气功大师专程来到店里，但是也没能将那枚金币从墙上“请”下来。于是“万能强力胶水”之名在香港一下子传播开来，这家商店之后的生意也火爆起来。

从上面这个案例中我们能够看出，越是有趣的、新奇的事情，越能调动起人们的探奇欲望。零售企业要善于利用人们的好奇心理营销自己，让自身在人们的心中变得神秘起来，变得有趣起来，如此才能在消费者心中留下深刻的印象。当然，这种自我营销的策略是建立在商品质量过硬基础之上的，假如我们的商品质量平平，仅仅依靠所谓的“有趣”就想获得消费者的好感和忠诚，是根本不可能的。

营造新奇抑或神秘感

越是新奇的东西越能引发人们的探索欲望，越是神秘的事物越能激发人们的关注热情。基于此，在经营过程中，零售企业要有针对性地营造新奇抑或神秘气息，力争在产品、营销、服务等方面激发消费者的好奇心，引发消费者的关注和好感。

为了营造更加良好的体验感，很多购物中心在不断地“进化”，持续不断地在美食、娱乐、影音等方面发力。日本森之宫Q’s Mall的做法更加独特，专门在顶层为消费者设计了一个大型跑道，这使许多因陪伴妻子或女友逛店而感到无聊的男士们特别惊喜。

森之宫Q’s Mall是一家结合了购物、休闲和运动的综合性购物中心。这家综合体最为特别的地方是为前来购物的消费者准备了三条空中走廊，其中一条环绕整个中心的长达300米的跑道成了这家购物中心吸引消费者的亮点。

除了这个标志性的跑道外，森之宫Q’s Mall还设有健身房、游泳池以及足球场等运动设施，消费者即使不购物，走进这家综合体也可能找到自己感兴趣的东西，享受运动乐趣。

森之宫Q’s Mall的这种富有创意的设计大大优化了消费者的体验，所以这家综合体渐渐成为人们购物的首选，里面总是人满为患，很多人已经将其当成了生活中不可或缺的一部分，有事没事都要到里面逛逛。

用紧俏激发消费者的好奇心

零售商可以利用人们的好奇心，在销售商品时刻意制造出一种商品“销售紧俏”的迹象，暗示店里的商品拥有某种与众不同之处，吸引消费者进店一探究竟。这样一来，我们就更容易提升店内的人气，增加消费者下单购买商品的概率，从而达到提升商品销量的目的。

当然，这种适度限购的做法并非万能，零售商在运用的时候需要注意以下两点。首先，我们的产品要足够好，有一定的人气。假如产品质量不过硬，缺少人气，那么限购不仅起不到提振人气、激发好奇心的效果，反而会起到反作用，让产品更加远离消费者的视野。其次，要营造出产品紧俏的气氛，让消费者意识到店内产品比较紧俏，货品有限，想要购买的话必须要尽早下手。

3.1.2 风马牛不相及的业态混搭亮瞎双眼

零售企业要想靠创意取胜，业态混搭是一个不错的突破点。聚焦各成功零售企业的发展道路，我们会发现它们大都经历了三个阶段：第一阶段是向消费者贩卖产品，第二阶段是贩卖品牌，最后一个阶段是贩卖创意和生活方式。业态之间的混搭交融，是零售企业向消费者贩卖创意和生活方式的第一步。

当前越来越多的零售企业玩起了混搭融合，比如零售巨头沃尔玛和中青旅之间的合作，潮流品牌优衣库和咖啡贵族星巴克间的“眉来眼去”，在很大程度上会让进店的消费者眼前一亮，不仅强化了老顾客的品牌忠诚度，还对新顾客产生了极大的吸引力。

知名零售企业全家，就非常善于利用业态混搭提升消费者的体验感。其位于日本东京蒲田的一家店面，虽然面积只有100平方米，里面陈设的商品和其他店面也没有什么差别，但是增加了一块“卡拉OK”区域。在这个区域内，消费者可以在私密的包间内尽情歌唱，宣泄情绪。

这种混搭不仅对年轻消费者产生了巨大的吸引力，还吸引了众多中老年消费者进店消费。全家着眼于消费群体的这种变化，顺势对店内货架上的商品进行了调整，增加了适合中老年消费者的产品，从而使得销售额大大提升。

由此可见，零售企业的创新离不开业态之间的混搭和融合。随着人们生活水平的不断提升，人们对单一业态渐渐显示出一种审美疲劳，呈现出一种无感、无味的状态。这就需要我们改变单一业态，依靠多业态混搭进行创新，重新激发消费者的新鲜感，提升消费者的满意度。

当然，零售企业的业态混搭不是乱搭，搭配何种业态，需要立足自身实际状况，进行详细考察和论证，这样才能达到“1+1＞2”的效果。

3.1.3 要么创新，要么蒸发

零售企业要想快速地在消费者市场中占据一席之地，保持自身的创新性是最重要的秘密武器。有效的创新能够让消费者耳目一新，觉得有意思，有好感。随着消费者对我们进一步了解，他们势必更认可我们，更看好我们。这样一来，我们才有可能真正融入消费者生活中，成为消费者生活中不可或缺的一部分。

不创新，零售企业身上的优势就会一点点丧失，被行业内其他商家无情地碾压，最终被消费者抛弃。所以故步自封、因循守旧的结果只能是死亡，为了生存，为了更好地发展，我们必须要学会创新、善于创新，将创新当成经营过程中的最重要一环。

那么零售企业要如何进行创新呢?

商品要信息化管理

现阶段中国商业早已经不再处于粗放型发展阶段了，跑马圈地就能坐享其成的年代已经一去不复返。现阶段零售企业要想创新，就必须采用精细化战略，细致监控每一件商品，了解它们的最终去向。这样一来我们才能最大限度地保证商品的品质，了解各类商品的销售情况，掌握消费者最喜欢的商品类型。在此基础上，我们才能进一步创新经营模式，更好地迎合消费者的消费需求。

拥抱集市概念

在零售行业进化过程中，曾经风靡一时的“集市”慢慢成了过去式，现在诸多零售企业对超市模式更为青睐。但是随着消费者怀旧消费观念的兴起，之前被摒弃的“集市”概念显示出了回潮趋势，很多年轻消费者更愿意体验一下传说中的“集市”。

因此，“集市化”成了零售企业创新的一个重要方向。零售企业在做经营模式创新时，不妨迎合消费者对“集市”的怀旧情结。结合这一趋势，添加一些集市元素，抑或专门打造一种集市购物场景，让消费者产生良好的集市购物体验。

三源里菜市场一直是北京人朋友圈中的“网红”，之所以如此出众，是因为这家菜市场创新了经营模式。里面销售的产品都是高端的进口乳制品、海鲜、干货、果蔬等，却以集市的形式出现在了大家的眼前。这样一来，三源里菜市场不管是商品陈列还是商品品质，都在大家心目中留下了深刻的印象，成为大家朋友圈中的“网红”也就非常自然了。

抓住消费者的视觉

在人的感官之中，人们对视觉的依赖程度要大得多，“百闻不如一见”说的就是这个意思。基于此，零售企业的创新要想法设法地锁定人们的视觉，让消费者感到惊艳。

宜家将2017年家具指南的主题确定为“从细微处感受生活”，聚焦发生在厨房里的美食故事。为此，宜家各个店面开展了系列营销战役，拍摄了各阶层不同生活背景家庭的厨房，以此向消费者证明自己的产品是最棒的，适合所有人。这些画面从视觉上带给了消费者温馨、愉悦的感受，让人们看了之后内心都是满满的幸福。

3.2 无人、智能，零售企业的流量神器

对零售企业而言，要想最大限度地聚集人气和流量，做好购物体验是绕不开的一道坎。其中，无人看守、智能体验是一个很大的亮点。也许很多人认为，零售店铺的购物模式应是消费者走进店门之后，立刻有服务人员贴身服务，甚至时刻不离左右，这样才能最大限度地让消费者消费购物。事实上，恰恰相反，这样的方式让很多消费者厌恶——他们希望享受到自由购物的乐趣，而非被紧盯的局促。

3.2.1 无人销售模式是流量倍增器

很多人都有这样的体验，走进大型超市，推着购物车，随便走，随便挑，不需要被服务人员“热情”包围，也不需要看服务人员的“脸色”，这种自由自在的消费过程是惬意的，令人陶醉的。这种无人销售模式值得所有零售企业借鉴，“无人”营造的自由购物氛围能最大限度地愉悦消费者，店内的流量自然也就有保证了。

无人看守让消费者更自由、惬意

宜家家居在这方面实现了家居企业的创新。以往传统意义上的家居商场是这样的：进入商场后，会有服务人员询问你的需求，会带领你挑选家居产品；即便你不需要服务，服务人员也会跟在左右，让你很不自在。而这样的情况，在宜家完全不存在。

当人们进入宜家之后，首先感受到的就是心灵上的放空，映入眼帘的书架、床、鞋柜等商品，都成了视觉上的艺术品。消费者逛宜家，和逛街的感受差不多，几乎看不到推销员，推着购物车，看上什么可以直接装到车中，大件产品则可以先记下样品的号码，然后去一楼的仓库自提即可。

在宜家，消费者可以完全“放飞”自己，可以躺在床上切身感受，可以坐在沙发上眯一会……总之，在宜家，人们可以享受到极致的购物体验（图3–1）。

图3-1 消费者晒宜家自由、惬意的购物体验

宜家开创的这种家具购物模式为众多零售企业所认可、模仿。比如上海就有一家专门从事母婴产品销售的零售店，在销售模式上也逐渐从有人走向无人。这家母婴零售店在全国陆续开了众多分店，主要面向各个城市的中高收入家庭出售孕妇装、孕妇美容护肤产品以及婴童用品等。由于产品品质优，款式新颖，购物环境自由、惬意，因此得到了众多都市辣妈的青睐。

无人看守还可以尽情“玩”

无人看守虽然会使消费者产生惬意、自由的购物体验，但是要想更深层次地将自身品牌烙印在消费者心中，零售企业还必须让消费者“玩耍”起来。简而言之，零售企业仅仅采用无人看守的模式、拥有开放的货架是不够的，还必须拥有让消费者获得乐趣的能力，给予消费者购物的快乐。

迪卡侬是著名的运动产品零售商，消费者进店后，从来看不到跟在自己屁股后面喋喋不休的销售人员。在迪卡侬，消费者能够看到的是各种各样玩耍的场景，有孩子们骑自行车满场飞奔的身影，有成人踩着滑板角逐的背影……各种各样的运动产品，只要消费者有意愿，都可以试用，都可以拿出来玩一玩——可以打一打羽毛球、篮球，也可以在蹦床上跳一跳，甚至可以钻进帐篷里休息一下……

于是，走进迪卡侬的消费者就像跳进水里的鱼儿一样，感觉非常舒服。只有在消费者有需求招呼销售人员的时候，他们才会出现在消费者的身边。除此之外，不管你怎么玩耍，他们始终都会以微笑面对你。

迪卡侬还为消费者提供了专业的训练场，诸如篮球场、羽毛球场等。这些专业训练场对年轻消费者具有极大的吸引力——随着年轻消费者不断进行口碑传播，迪卡侬自然大大强化了自身品牌的号召力。

3.2.2 智能体验让消费者更满意

对消费者而言，谁满足了他们的好奇心，谁更令他们觉得有趣，他们就会选择谁，拥护谁。而智能场景的构建，让更多的消费者能够亲身体验产品的魅力，刺激其购物消费欲望。

构建智能体验区

三星一直致力于为消费者提供智能产品，构建智能体验区。比如三星推出的SmartThings Hub智能管理中心便支持多款终端操作平台，诸如Windows Phone、iOS、Android等。更令消费者惊喜的是，这种充满智慧的产品还可以和各种家电互联互通，使消费者产生真正的智慧家居体验。

在三星设置的体验区，消费者可以通过使用三星智能手机实际感受到操控冰箱、空调、窗帘的乐趣。在家居安全方面，三星推出了智能门磁，搭配使用三星智能监控摄像头，能够为消费者构建更加安全的居家环境。

这些高科技产品，带给消费者的不仅仅是场景体验，更多的是心理上的认可和接受。所以，构建场景智能体验区是零售企业获得客流量和客户认可的一个重要环节。

虚拟立体塑造现代科技感

零售企业可以利用高科技使消费者产生虚拟立体的体验，激发他们对企业产生好感，产生购物欲望。

在北京某电影院旁边，有一个“超刺激之旅，虚拟现实体验”的实体体验区域。在这里，有两个像懒人椅那样的沙发，人们可以坐上去体验全球顶尖的9D梦幻技术，体验比过山车还要疯狂的刺激感。

因为给观影者提供了这样的设施，这家电影院的客流量变得更大，很多人在看完电影之后会顺便体验一下，还有什么比这样的电影之旅更刺激的呢？

3.2.3　用智能为门店赋能

门店一旦有了智慧，必然能够大大优化消费者的消费体验，继而在消费者心中留下深刻的印象，最终获得消费者的信任，促使消费者下单消费。因此，零售企业需要学会用智能为门店赋能，具体方法如图3–2所示。

图3–2 用智能为门店赋能的三种方法

（1）识别。通过使用大数据和图像识别技术，门店能够在第一时间识别进店消费者的身份，提炼其消费倾向，向其推送感兴趣的产品信息。

①建立完善的会员制度。会员制度的建立，可以有效地帮助零售企业在第一时间识别进店消费者的身份，判断其是老顾客还是新顾客。

②应用人脸识别技术。通过应用人脸识别技术，零售企业能够在消费者进店时快速识别消费者身份，继而结合其之前在店消费行为轨迹，向其推送关注的产品信息。

（2）支付。方便、快捷的支付是智能门店的第二个支点。当零售企业能够让支付环节也变得智能时，必然会大大优化消费者的消费体验。

①丰富支付方式。供消费者选择的支付方式要尽可能丰富，诸如支付宝支付、微信支付、银联支付等，以保障每位消费者都能顺利、快速地完成支付。

②迎合支付潮流。随着支付技术的迅猛发展，从扫码付款到刷脸支付，再到“刷掌支付”，支付方式在快速迭代。

（3）触达。在消费者完成消费行为离店后，智慧门店还应保持对消费者的触达，持续性地和其互动，这样才能真正获得消费者认可，打造优质品牌形象。

①线上接触：利用微信公众号、微信群等向消费者推送优质内容，保持曝光率，并持续不断地为消费者提供实用价值。另外，零售企业可以根据消费者的消费行为数据，向他们推送感兴趣产品的优惠信息。

②线下活动。零售企业还可以组织一些线下活动，诸如品尝会、体验会等，面对面地和消费者进行互动。

3.3 获得认可，才能让消费者追随一生

对零售企业而言，如何才能快速地俘获消费者的芳心呢？要想完美地解决这个问题，零售企业就需要做好定位，在一开始就能快速地获得消费者认可，并不断强化这种认可。只有做到这一点，零售企业才能收获数量庞大的铁杆粉丝，才会让消费者追随一生。

3.3.1　定位不是选出来的，而是提炼出来的

一提到定位，很多人首先想到的就是“选择”，他们会在内心中不断地问自己这样一个问题：我该选择哪些行业，哪些设计，哪些功能？这样选择出来的零售定位注定了品牌的庸俗无味，因为品牌该如何定位，并不是自问自答选择出来的，而是根据消费者的需求提炼出来的。也就是说，对零售企业而言，要想做好定位，快速获得消费者认可，必须学会“提炼”。

怎么理解“提炼”呢？简而言之，“提炼”就是总结消费者的需求，然后在此基础上进行聚焦。艾·里斯是世界知名的品牌定位专家，但是在他的名片上却没有“定位”一词，而是使用了另外一个词——“聚焦”。艾·里斯之所以如此欣赏“聚焦”，正是因为定位的关键在于提炼，在于总结消费者需求之后的聚焦（图3-3）。

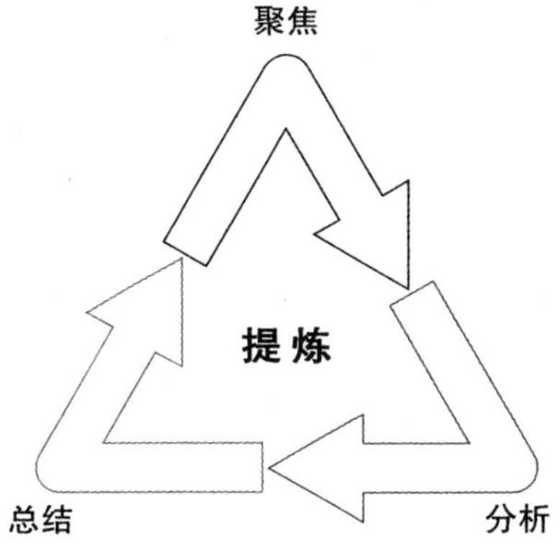

图3-3 提炼的目的在于聚焦

由此可见，在品牌定位过程中，提炼的重要性非同一般，对零售企业品牌建设的成败起着决定性的作用。那么在具体的提炼过程中，我们应该从哪些方面入手呢？

提炼渠道方面的特点

在品牌定位过程中，零售企业除了要提炼消费者的需求之外，还可以基于自

身渠道，提炼我们在产品渠道上的特色，突出自身的与众不同，从而在消费者心中留下深刻的印象，获得消费者的好感，这样才能顺利地获得消费者的认可。

戴尔电脑能够快速占领全球市场，和其热衷于网络直销有着紧密的联系，因为网络直销彻底消除了中间商，最大限度地减少了传统分销花费的时间和成本，让戴尔电脑以最低的价格、花费最短的时间到达消费者手中。

想要购买戴尔电脑的消费者，可以直接在网上下单，在确认订单之后的36小时内，电脑就会从戴尔工厂的生产线上诞生，而后通过快速的物流送到消费者手中。

戴尔在定位时就提炼出了自身在渠道上的优势，将直销、定制等理念融入自身品牌之中，从而获得了更多消费者的青睐，成为消费者眼中的知名电脑品牌。

提炼服务方面的特点

随着社会经济的不断发展，消费者在消费环节对服务的要求越来越高，在很多时候服务好不好直接决定了产品对消费者吸引力的大小。基于此，我们在提炼定位时不妨聚焦自身服务上的特点，将服务的鲜明特色直观地展示在消费者面前，如此必然能够在第一时间吸引消费者关注，获得消费者的好感。

海底捞就因为善于提炼服务方面的特点而走出了一条特色之路。海底捞管理层经过调研发现，消费者的需求多种多样，仅仅通过制订流程和规范服务，是很难打动消费者的。经过分析，海底捞管理层提炼出了提升自身服务品质的核心要点——创造让员工愿意留下来的优质工作环境，因为只有让员工有了归属感，舒心了，他们才能发自内心地服务好消费者，将服务做到消费者心坎里。

为此，海底捞一方面提倡“和谐友爱”的企业文化，强化对每一位员工的关爱，满足员工的合理需求，努力在员工心中营造归属感；一方面，海底捞将员工职业价值的实现和做好服务进行了捆绑，将“要我干”变为“我要干”，重奖优秀员工。

如此一来，消费者从走进海底捞到吃完离开都真切地感受到了自己就是“上帝”，感受到了海底捞服务人员发自内心的真心、真情，对海底捞产生了特别深刻的印象，这样海底捞也就成了消费者首选的火锅品牌。

操纵已经存在的认知

零售企业要想精准地进行品牌定位，很多时候并不需要刻意地去创造什么新奇的事物，而是要学会操控消费者心目中已经存在的认知，并且能够高效、精准地丰富这些已经存在的关联认知（图3–4）。

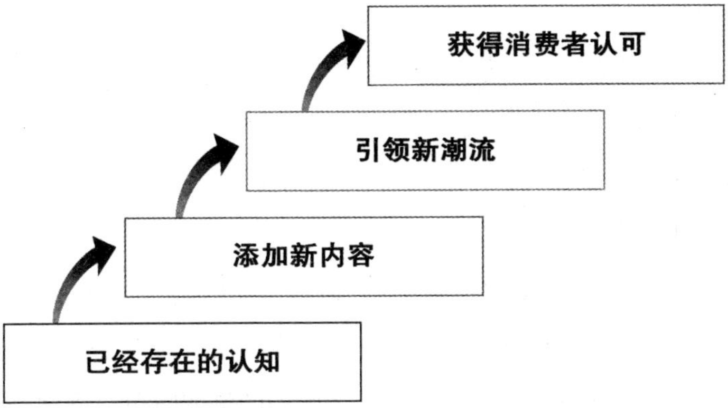

图3–4 操控消费者心目中已经存在的认知

20世纪80年代的美国女性对内衣的要求是实用第一，对于款式和风格并不太在意。对她们而言，内衣仅仅是一种满足生理需求的衣物。维多利亚的秘密彻底改变了美国女性对内衣的这种认知，强调内衣要性感，要优雅。为了体现性感和优雅的特点，维多利亚的秘密在设计上非常注重为内衣添加性感和优雅元素，在零售店风格上也别出心裁，以英国维多利亚时期的复古风格为主，看起来更具贵族气息，越发显得高贵典雅。

正是基于这种新潮的定位，维多利亚的秘密彻底颠覆了美国传统女性对内衣的认知，激发了她们对性感和优雅的追求。渐渐地，维多利亚的秘密成了年轻女性购买内衣时的首选品牌，她们觉得只要自己穿上了维多利亚的秘密品牌的内衣，就可以变得更加性感、优雅。

3.3.2 你最好与别人有所不同

现如今，品牌已经成了消费者选择产品和服务时的首要影响因素，很多消费者都会冲着品牌购买产品，谁的品牌看起来与众不同，有特色，那么谁的产品就容易吸引消费者的关注，成为消费者消费时的首选。特别是在当前零售产品同质化越来越严重的背景下，与众不同的定位才会让产品走到聚光灯下，赢得消费者的更多好感和信赖。正如美国西北大学著名教授舒尔茨所说："在同质化的市场中，唯有传播能创造出差异化的品牌竞争优势，才能真正获得成功。"

养生堂在中央电视台推出的"农夫山泉有点甜"的主题广告，在消费者群体中引发了普遍关注。当时农夫山泉相关产品还没有在全国范围内上市，这则广告就已经将"农夫山泉"的品牌传播到了大江南北。

我们从这句广告语中可以感受到农夫山泉清晰的品牌定位：用"有点甜"来做品牌的区分，引发消费者关注。当时的中国纯净水市场，大家只有依据产品包装和广告才能区分品牌，也就是说各个品牌的同质化现象比较严重。在这种状态下，当消费者听到"农夫山泉有点甜"的广告语之后，立即会萌发想要尝一下的冲动。这样的差异化品牌定位，让农夫山泉迅速跻身于纯净水行业销售巨头行列。

在原料方面突出差异化

品牌的特色最终还是要体现在产品上，产品的特色重点体现在原材料的选择上。当零售企业的产品在原材料选择上有自身特色时，就可以在品牌定位时突出这一点，使之成为零售品牌的一个闪光点，成为消费者辨识零售品牌的一个主要"标签"。

哈根达斯的成功在很大程度上应当归功于其在宣传上采用了差异化策略。为了在消费者心中烙下与众不同的印象，其在宣传时重点强调了原料的高端——来自马来西亚的青草，取自比利时的纯正香浓的巧克力，从波兰采购的草莓，从巴西采购的咖啡，等等。正是因为汇聚了这些世界各地高品质、纯天然的原材料，哈根达斯才有了纯正、香甜的味道，才成了消费者眼中时尚、浪漫的化身。

在设计上突出差异化

设计上的差别可以显著影响产品品牌定位，从而使得整个品牌看起来有着自己的特色。基于此，零售企业在突出自身品牌定位时，可以在产品设计阶段为其植入个性，植入差异化基因，从而让我们的产品和服务亮点突出，分辨度高，能够在第一时间引发消费者关注。

苹果公司的产品辨识度很高，最主要的原因就是设计上有个性，不管是台式电脑、iPod音乐播放器还是iPhone手机、iPad平板电脑，都能凭借着令人耳目一新的设计让消费者眼前一亮。苹果品牌在消费者眼中也就成了时尚与品位的先锋，成为代表自身品位的标志。

在制作工艺上体现差异化

零售企业要想在定位上体现出差异化，还可以在制作工艺上做文章，利用制作工艺上的特色体现自身的与众不同。通常，当我们的产品在制作工艺上展现出不同的特色时，消费者对产品的印象就会更加深刻，就更能获得消费者的好感。

一直以来，真功夫注重产品差异化的挖掘，以在消费者心中为自己贴上“与众不同”的标签。为此，真功夫非常注重挖掘传统烹饪的精髓，在“蒸”上做足了文章。在此基础上，真功夫喊出了“坚决不做油炸食品”的口号，确定了健康食品的定位，以传统的“蒸”对比洋快餐的“烤”和“炸”，从而为自己贴上了“健康美味”的标签，最终在市场上占有一席之地。

3.3.3　让消费者看到品牌个性

什么是个性？心理学家认为，个性是由各种属性整合而成的相对稳定的独特的心理模式。“蕴含于中，形之于外”就很好地概括了个性的内涵，说明了个性是一个人外表和内在的统一体。品牌的个性和人的个性在本质上是一样的，人们可以通过品牌传播赋予品牌一种心理特征，使之成为品牌的内核。

品牌个性本质上是使用者个性的一种类化，是使用者心中的情感附加值和特定的生活价值观的融合体。个性鲜明的品牌更易为消费者识别和关注，更易激发相似个性消费者的认同感，最终获得这类消费者的好感和信任，最大限度地激发他们的购买欲望。

麦当劳这一快餐品牌中就蕴含着强烈的个性——天真。麦当劳以黄色的“M拱门”为标志，在无数消费者心中烙下了这样的品牌形象：欢愉、朝气、幸运。麦当劳最初的品牌设计定位于服务儿童和家庭，为全球儿童和家庭提供美食和娱乐。消费者只要走进麦当劳的“M拱门”，就意味着进入了美食乐园，来到了童话世界。这种个性化的品牌定位，使得麦当劳成了全球小朋友眼中的乐园，也成了诸多家庭聚餐时的首选之地。

由此可见，中外企业在品牌定位过程中都注重培养品牌的个性，力图将品牌最美好、最具侵染性的一面烙印在消费者心中。零售企业在进行品牌定位时也要注重品牌个性的塑造，为品牌注入最真、最美、最具感染力的个性，这是我们的品牌获得消费者认可的重要保证。

也就是说，成功的品牌要让消费者看到之后首先想到其个性。好的品牌个性应当包含四方面的内容：属性、受众、利益和价值（图3-5）。

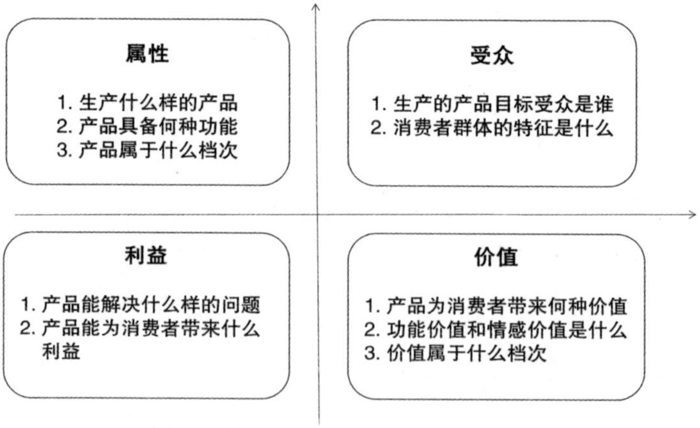

图3-5 好的品牌个性应当包含的四方面内容

那么零售企业具体需要从哪些方面入手为品牌塑造个性呢？

保持品牌概念和产品概念的一致性

在塑造品牌个性的过程中，零售企业需要保持产品和品牌在概念上的一致性，使两者有机地融为一体，形成合力。假如我们的品牌概念和产品概念不一致，就会给消费者留下一种文不对题的感觉，继而对品牌的认同感下降，对品牌个性的感知弱化。

一提起雷达表，很多消费者首先想到的就是“高科技”。这一印象和斯沃琪集团的营销推广有很大关系——在推广文案中聚焦雷达表的高科技属性和精湛的制造工艺，比如强调雷达表是用“高科技陶瓷材料制造而成，坚硬耐磨，永不褪色”。在这种营销推广的轰炸下，消费者自然而然地会为雷达表贴上高科技的标签。如此一来，雷达表在产品和品牌概念上便形成了高度统一，在消费者心目中留下了不可磨灭的印象。

注意凸显品牌个性的差异化

差异化是形成品牌个性不可或缺的一环，假如我们的品牌个性和其他品牌雷同，那么就不会形成品牌张力。要想在品牌个性上做到差异化，我们的品牌个性就必须符合产品的特点和消费者状况，并且在产品包装、品牌标识、广告诉求、营销策略等方面表现出来（图3-6）。

图3-6 品牌个性展示载体

比如宝洁旗下的各个品牌洗发水就有不同的特点和个性：飘柔的特点是“柔顺”，海飞丝的特点是“去屑”，潘婷的特点是“强韧柔亮”，沙宣的特点是“时尚”。这些品牌在广告诉求、产品包装、营销策略、价格上都与其个性特点相呼应，从而使得每一个品牌都能够在消费者心中留下鲜明的印记。

保持品牌个性和消费者个性一致

品牌的个性并不是凭空想象出来的，而是根据目标人群的消费心理提炼出来的。要知道目标消费者是有个性的，他们喜欢的品牌也要具有和他们相同或者相似的个性。也就是说，和目标人群个性相同或者相似的零售品牌更容易吸引他们的关注，激发他们的购买欲望。

欧莎是众多女性眼中的梦幻品牌，给女性消费者的感觉是从容、优雅、浪漫而又不失时尚。它瞄准的就是都市中的年轻女白领，她们崇尚高品质的生活，追求时尚，但是又注重保留淑女的端庄和矜持。正是凭借着这种个性上的一致性，欧莎女装才会成为都市年轻女白领的最爱。

引发消费者情感上的共鸣

在塑造品牌个性的过程中，零售企业必须要清醒地意识到，品牌并不是我们的私有财产，而是属于消费者的。只有得到消费者的认同，在消费者心中留下烙印，品牌才更具价值。其实品牌塑造就是一个和消费者谈恋爱的过程，假如消费者不喜欢，那么我们之前所做的一切工作都将成为无用功，不管我们的产品有多么优秀，我们的技术有多么先进，或者我们的价格多么低廉。在当前这个体验经济时代，消费者崇尚个性，十分关注情感上的认同。

3.4 卖的不仅是产品，还有更高级的生活方式

直接面向消费者卖产品是最传统的零售方式，依靠这种方式获得消费者的爱

戴，在情感上拴住消费者，是不现实的。对零售企业而言，既然在售卖产品过程中很难获得竞争优势，很难抓住消费者的心，那么应该如何在产品之外找到一种必胜的“秘诀”，真正让自身融入消费者的日常生活中，成为消费者必不可缺的一部分呢？

智慧的零售企业除了卖产品之外，还向消费者售卖更高级的生活方式。随着社会经济的快速发展，人们的生活水平越来越高，对更优质生活的追求也越来越强烈——人们都希望能够在自身能力范围内最大限度地提升生活的品质，享受生活的馈赠。基于此，零售企业必须在具体的经营过程中进行创新，迎合消费者追求更优质生活的理念，这样才会让自身更受消费者欢迎，甚至在一定程度上培养出一种新的消费潮流。

3.4.1 不要让消费者注意，而是要注意消费者

很多零售企业往往会习惯性地让消费者注意自己，经营不好，就将责任全部推给消费者，认为消费者越来越难伺候，越来越挑剔：“我的店很好啊，他们为什么还不满意？”其实这种经营理念是大错特错的，特别是在当前零售行业的竞争越来越激烈的大背景下，我们要转变传统的“等消费者上门”的经营思维，主动去关注消费者的需求，迎合消费者新的生活方式。如此，我们才会变被动为主动，在抢占人气和流量的竞争中拔得头筹，占得先机。

关注消费者的重点在于关注他们的生活方式。生活方式是一个内容相当广泛的概念，包括了人们的衣食住行、劳动工作、休息娱乐、社会交往、待人接物等方面，以及价值观、道德观、审美观。我们要学会关注消费者的生活，从中提炼出他们的生活方式，从而将其融入我们的经营中。如此，才称得上关注消费者，才能最终吸引消费者的关注。

有个人手里的资金比较充裕，通过长时间的市场考察，意识到当前生活方式书店比较火，所以想开一家。他向一位零售专家请教：“我想开一家生活方式书

店，融入咖啡、烘焙、花艺，如何才能让消费者关注我的店呢？”专家立即纠正道：“你这种想法本身就不对，不是让消费者关注你的店，而是你去关注消费者。”

“去关注消费者？关注消费者的什么？”那个人不解，追问道。

专家进一步解释道：“生活方式书店的最重要特征就是综合性，有智慧，衣、食、住、行是生活方式书店的最基本组合方式，“物质+精神”是最有效的一种生活方式组合。不能说店里有书籍，有咖啡，有蛋糕，有花艺，你就开了一家生活方式书店。你要关注消费者的生活，咖啡、蛋糕、花艺都是他们在生活中用到的，但是不能囊括生活的全部。”

“也就是说我需要囊括更多的东西？”他想了想，反问道。

“对！”专家从旁边拿来一张纸，边画边说，“当你仔细观察消费者时，你就会发现这样的现象：他们需要的生活方式书店是融合性的、综合性的店铺。虽然现在很多人给自己的店名中加上了“体验”二字，但当我们走进去，会发现里面只卖货，没有任何的体验，甚至连试用这个环节都没有。你想想，消费者怎么会认同这样的店？生活方式书店也是同样的道理，假如消费者进店之后发现要体验没体验，要颜值没颜值，要产品没产品，那么这种书店也不会进入消费者的选择名单。消费者需要的是一种综合性的生活体验，所以生活方式书店在内容组成上，应该包括服饰、轻家居、生活杂物、艺术品、咖啡、轻食、花艺、非商业性讲座。”

他深以为然，接受了专家的意见，对生活方式书店的设想进行了调整，将书店定位为“回归中国文化味道”。他的书店在装修风格和产品陈列上充分吸收了中国文化精髓，综合了传统服装、家具物品、小杂物、花艺、绘画、轻食等，让每一个走进店铺的消费者瞬间有了回归“母体”的感觉，觉得非常愉悦、惬意。

他的店开业之后就成了明星店铺，每个周末都挤满了人，不管大人还是小孩，男人还是女人，都喜欢泡在里面。不是大家没地方去，而是里面的装修和陈设特符合他们的需求，在店里，不管是物质还是精神上的需求都能得到满足。

那么零售商需要从哪些方面去关注消费者呢？

生活方式书店零售业态组成如图3-7所示。

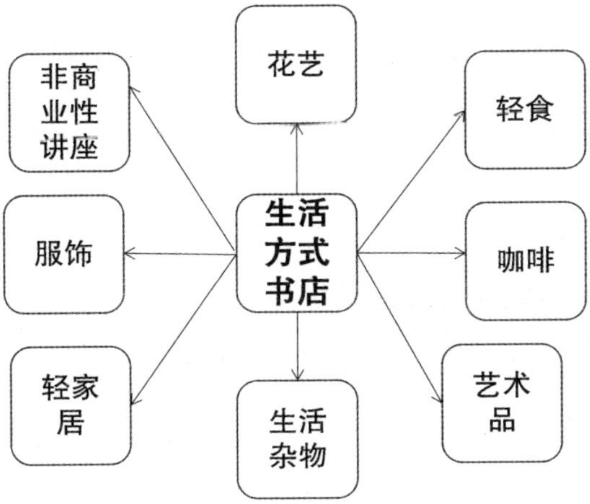

图3-7 生活方式书店零售业态组成

关注消费者的文化需求

对零售企业而言，要想向消费者贩卖生活方式，最有效的一种方法就是从他们的文化需求上入手，通过在自身产品或服务中添加相应的文化元素，引发消费者文化上的共鸣，继而唤醒他们潜意识中的消费欲望。只要零售企业做到了这一点，那么消费者进店之后便会受到触动，即使什么东西都不买，也会发现有意思的东西，收获满满的乐趣，继而对零售企业产生更强烈的好感。

关注消费者的体验需求

零售企业要想融入消费者的生活中，甚至引领新生活方式，就必须首先学会关注消费者的体验需求。那么如何优化消费者的体验呢？一种最有效的方法就是生产或引进独特、新奇的商品。不管消费者是带着明确的目的进店还是抱着“逛一逛”的心态进店，只要零售企业的产品有个性，足够优质，自然会得到消费者的认同，继而提升消费者的体验感。因此，零售企业要针对消费者的需求生产或引进有足够吸引力的商品，不断地更新货架。

设置某种主题情境

关注消费者的最终目的是根据他们的需求和喜好设置相应主题的情境，让消费者沉浸其中，将消费者“绑在”我们的店里。比如，有一家走心的生活馆，以大自然为主题，店铺内陈设了花草树木等装饰品，消费者进店后会产生一种回归原始世界的感觉。这样一来，消费者自然会很惊奇，会拿出手机拍照，然后上传到社交平台上，助力店铺推广。

3.4.2 提出一种全新的生活理念

零售企业需要立足自身产品提出一种全新的生活理念，满足消费者需求升级的渴望，以此吸引那些对生活有更高追求的消费者关注、参与。零售企业提出的新生活理念要具有两个特征：首先，其必须契合当前或者未来人们对生活的憧憬，能够引导人们提高生活品质，让消费者对生活变得更加热情，更有信心，享受到更精致的生活；其次，必须要和零售企业所销售的商品存在某种联系，能够直接带动零售企业店内产品的销售，或者间接助推零售品牌的塑造和传播，营造良好的口碑。

王芳有一个属于自己的手工皮具工作室。大学毕业之后，她在父亲的熏陶下走上了手工制作皮具的创业之路，经过三年多的打拼，现在已经小有名气。

在王芳看来，现在市场上充斥着各种功能性产品，却很少见到承载高级生活理念、能够让人眼前一亮的产品。当王芳在消费者眼前一刀刀切开皮革，然后将切分的皮革一针一线地缝制成皮包、皮带等产品时，她的产品在消费者眼中便有了生活气息，代表了一种更加高端的生活方式，因为和那些在工厂流水线上诞生的产品相比，纯手工艺术品更容易让人产生生活品质感。

3.4.3 你有一个梦想，可以在这里实现

人是有情感的，是有梦想与追求的。零售商要想快速地获得消费者的认可，

树立起良好的口碑，吸引大量人流，需要了解消费者，紧紧地抓住他们的情怀，有针对性地为自身产品灌注梦想。如此，才能在目标消费群体的心灵中快速地引发共鸣。

英国著名的皮具品牌玛百莉在全球经营着大量的实体店，和其他皮具品牌实体店不同的是，玛百莉非常注重构筑梦想，几乎每个玛百莉的包包里都“装着”一个梦想口号。

在玛百莉零售店的橱窗里，陈列着一款知名模特汤姆·沃伦参与设计的男士手袋。这款产品中融入了汤姆·沃伦很多追逐梦想的故事，吸引了众多拥有同样梦想的消费者的关注，在消费者群体中产生了共鸣。

汤姆·沃伦对于梦想的追求始于他15岁那年，他曾经是玛百莉的签约男模，后来在伦敦开办了一家属于自己的广告、时尚摄影工作室。汤姆·沃伦在这款男士手袋的设计上突出了便携、实用的特性，可以让消费者解放双手，更加专注地做任何事情。同时这款产品采用了防水帆布材质，保留了低调的哑光视觉感受，颜值爆表，每一位消费者都不会失望。

汤姆·沃伦习惯像大部分年轻人一样，每天骑单车上班。正是因为有这种习惯，所以汤姆·沃伦希望自己的产品能够为这些年轻人所认可，希望他们可以背着自己设计的包自由自在地穿梭于城市中。在汤姆·沃伦看来，这款包里面装着年轻人追逐梦想的动力和实现梦想的雄心。

可见，在玛百莉的实体店中，这款汤姆·沃伦参与设计的型男包，体现出了年轻人追求梦想的活力。当年轻人背上这款包追逐梦想的时候，他们也会从汤姆·沃伦的故事中汲取源源不断的动力，支撑着他们更加自信地推开梦想的大门。

为产品品牌注入梦想

产品赋予消费者梦想的最佳载体是品牌。假如我们能够让消费者在看到品牌的第一时间就想到某个梦想，那么零售企业的产品必然会成为消费者实现梦想道路上的好帮手，对目标消费者的吸引力也会因此成倍增加。

那么如何为品牌注入梦想呢？

第一，直接为品牌注入梦想元素。零售企业可以根据自身产品的目标人群定位，为品牌注入青春、成功、艺术、文学、浪漫、爱情之类的元素，让我们的品牌成为某一梦想的“代言人”。

第二，邀请名人代言梦想。名人通常拥有巨大的粉丝群体，让名人宣传我们产品所代表的梦想，会在很大程度上放大我们产品“梦想代言人”的身份，在更大程度上影响消费者的选择。

第三，通过创业故事传递梦想。零售企业的老板抑或店内的员工身上，或多或少都有着一些不平凡的故事。假如我们能够将这些故事整理出来，和目标客户的梦想融合在一起，那么对消费者的吸引力必将是非常大的。人人都爱听故事，特别是那些真实的和梦想有关的故事，只要讲述得好，那么消费者就能从中汲取力量，对我们的好感度自然会成倍增加，见图3-8。

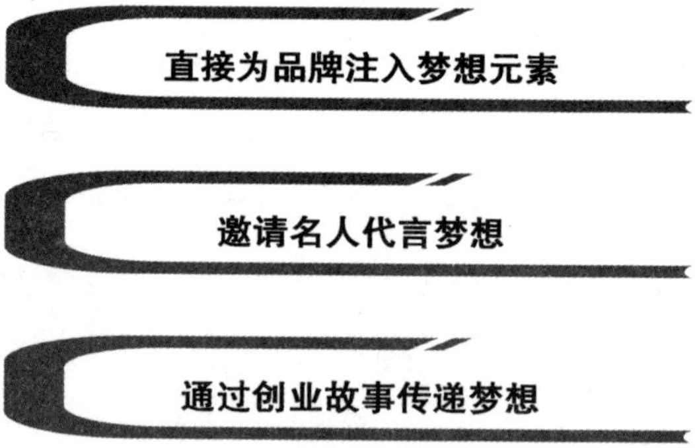

图3-8 为品牌注入梦想的三种方法

在装修上体现梦想

零售企业要想向消费者传递梦想情怀，最简单、有效的一个方法就是在装修和店内陈设上做文章，使之体现出目标消费群体的梦想，让他们在进店之后的那一刻就感受到我们想要传递的情怀。这样一来，我们才能更快地和目标消费者在情感上产生共鸣，获得他们的好感。

“今天，叫醒你的是闹钟，还是梦想？”

“梦想，就像未曾绽放的花朵，要么枯萎，要么怒放！”

“不要在该奋斗的年纪，选择了安逸！”

这些充满激情的话，是不是会让我们充满活力，甚至热血沸腾？很多人都想不到它们会出现在便利店的墙上。没错，这家便利店就是Today。这家便利店不像是一个购物场所，更像是一个休闲场所。更准确地说，它是一个为消费者造梦、力促消费者实现梦想的地方。在这家店里，消费者会真实地感受到梦想的气息。梦想带来的舒适感，让消费者对Today的好感度大增，消费欲望也会因此被大大地激发出来。

营造励志气氛

零售商要想在梦想上获得消费者的认可和共鸣，就需要营造励志气氛。比如我们可以在产品营销现场营造一种励志气氛，让每一位参与者都被这种励志气氛所感染、触动，从而对我们产生好感，积极、主动地购买我们的产品。

一家东风悦达起亚4S店在写营销文案时，就非常巧妙地借助电影《匆匆那年》营造出了一种励志氛围。这家东风悦达起亚4S店基于起亚汽车突出梦想的产品定位，在产品推介活动现场播放了电影《匆匆那年》主题曲和消费者为了梦想而努力拼搏的故事短片。这成功营造了浓郁的励志气息，引发了消费者的情感共鸣，为年轻人构筑了拥有一辆汽车的梦想。

3.5　将自身打造成某个场景下的专家

零售企业要想更好地和消费者互动，让自身更契合消费者的需求，就需要打造特定的场景——当消费者置身于某一场景首先想到的是我们时，零售企业才真正获得了消费者的认可。“经常用脑，多喝六个核桃”“小饿小困，喝点香飘飘”“益达，饭后嚼两粒”“感觉不在状态，随时脉动回来”“怕上火，喝王老吉”……这些耳熟能详的广告语其实就隐藏着各种场景下的品牌定位，能够让大家处于相应场景时首先想到某个品牌。

也就是说，产品本身并不能立即使消费者产生某种直观感受，获得某些利益，除非它能激活消费者在特定场景下的联想，并能够在这种特定场景下解决消费者的特定问题。这样一来，我们的产品才会和消费者建立起强大的利益关联，在消费者心中留下深刻印象。

3.5.1 打造场景按钮

消费者在购买产品之前所进行的场景模拟就是场景按钮。比如之前提到的广告语“怕上火，喝王老吉”，消费者在购买王老吉的时候思考最多的其实并不是它的口味如何，而是各种场景下的“消火”功能。这样一来，品牌和场景之间就建立起了一对一或者一对多的关联。也就是说，场景按钮可以激活消费者的消费行为。

藏有场景按钮的零售品牌能够迅速地获得消费者的认可。品牌的本质是吸引消费者并且留住他们，而要想吸引消费者，就需要从消费者角度出发，去获得消费者的认可。而要想获得消费者的认可，就要将消费者带到一个特定的场景中，并且放大他们在这个场景下的痛点需求，如图3-9所示。

图3-9 品牌融入场景完成“选择封杀”

当“怕上火，喝王老吉”深入人心的时候，“王老吉”在某种程度上就完成了对消费者预防上火这个场景的“选择封杀”。消费者一旦进入“会上火”的各种场景中，就会不自觉地联想到“王老吉”。

所以零售企业在进行品牌定位时一定要为其加入场景按钮，这样品牌定位才会更具杀伤力。那么场景按钮如何设置呢？

人物按钮设置：谁？和谁？

零售企业在进行场景设置时，首先需要强化人物的个性，挖掘某一人群所具有的共同特征。如此一来，当类似的场景出现在消费者眼前时，零售企业的产品抑或品牌在目标消费者眼中自然也就成了第一选择、唯一选择。比如“六个核桃”的系列广告，拨开层层面纱，其实真正想为消费者植入的场景按钮是：经常用脑的人必须要喝六个核桃。

时间按钮设置：什么时间？什么时机？什么时刻？

在品牌的场景设置中，“时间”也是一个必须重视的场景按钮。对零售企业而言，“时间”可以是一个非常具体的时间点，比如某年某月某日某时，也可以是某些相对特殊的时刻，比如结婚时刻、失败时刻、约会时刻、感冒时刻，等等。需要特别注意的是，在设置这类场景按钮时，零售企业需要确保场景更加明确，更易感知，更容易抓取，不然会导致消费者在认知上出现模糊感，达不到刺激消费者消费的最终目的。

比如营养快线的“早餐喝一瓶，精神一上午”，就成功地应用了“时间”这一场景按钮，从而成功地走进了消费者的内心，获得了消费者的认同，提升了产品销量。于是在消费者想吃早餐时，“早餐喝一瓶，精神一上午”的营养快线就会瞬间出现在脑海中。当然，除了早餐时间段外，在其他时间，消费者也会做出相关的联想，继而做出购买营养快线的行为，为自己储备早餐。

场合按钮设置：何地？何种场所？

对消费者而言，地点抑或场合是比较容易感知和抓取的场景按钮，所以在品牌定位时零售企业可以合理地加入一些具有代表性的地点和场合，以此为“按钮”，刺激消费者经常性地在这些地方应用产品。一家超市为了提升某一品牌洗发水的销量，特别策划了一场营销活动。在活动文案中，这家超市重点突出了这一品牌洗发水特有的香味，为其贴上了“夜场杀手”的标签。这样一来，这一品牌的洗发水在喜欢泡夜店的男女消费者心中留下了深刻的印象，销量得以快速增长。

问题按钮设置：你遇到了什么样的新问题？

在品牌定位过程中，我们告诉消费者产品能解决什么问题，对提升品牌在消费者心中的地位是没有多大帮助的，只有解决了消费者面对的“新问题”“不一样的问题”，才会最大限度地吸引消费者关注，甚至开辟出一个新市场，赢得最大块的蛋糕。

问题按钮的设置至关重要，它能激发消费者的思考，甚至会使消费者主动寻求答案。曾火极一时的九龙斋，正是抓住了过去人们想解决的“解油腻”问题，成为饮料行业异军突起的新力量。

方法按钮设置：怎么使用？

这是一个在品牌定位过程中经常被忽视的场景按钮。一种产品的使用方法如果能够被有趣地设计成一个“按钮”，也可能会产生全新的品牌形象，让更多的消费者印象深刻，最终记住我们的品牌，喜欢上我们的品牌。

“喝前摇一摇”这句广告语不仅阐释了产品多种果肉混合的独特卖点，还激发了大家的使用乐趣，成为品牌传播的经典案例。

因此，场景按钮的设置应该遵循独特性、一致性、持续性的原则，以确保品牌独有的场景按钮能够在消费者心中留下深刻印象，成功获得消费者认可。这样一来，消费者在生活和工作中一旦身处目标场景，便会在第一时间抓取、识别这一场景，并建立起场景关联，激活场景按钮。

3.5.2 智慧零售打造线下场景的两大原则和线下场景应具备的三大属性

智慧零售要想打造出吸引消费者的场景，需要坚持两大原则，这样才能让线下场景更具参与感和仪式感，更容易引发消费者共鸣。

两大原则

（1）所见即所得。智慧零售和电商零售最大的区别是即得性，而智慧零售和传统零售最大的区别在于场景化。我们可以用“所见即所得”来概括智慧零售这一优势。所见即所得，是指消费者在智慧零售线下店铺消费体验的过程中，首先进入一个场景化的氛围，收获极致体验后，进入线上商城详细了解产品各种信息，之后在线下通过便捷的支付方式快速拿到中意的产品。当然，消费者也可以直接在线上下单，然后零售企业会在第一时间送货上门。比如，大润发优鲜在银川市便承诺1小时送到家——消费者只要在微信公众号或APP上下单，1小时内便能收到商品，从而让消费者体验到了大润发的智慧和极速，对大润发这个品牌有了更深刻的认识，对其好感度大增，变得更加信任（图3-10）。

图3-10 大润发微信公众号上的“1小时到家”

（2）在娱乐中消费，在消费中娱乐。智慧零售与传统零售、电商零售的第二个不同之处是其不再以产品交易为核心，而是为消费者提供消费需求解决方案，全方位地为消费者解决问题。基于此，智慧零售更加注重提升消费者的体验感，使消费者“在娱乐中消费，在消费中娱乐”。智慧零售会让消费者沉浸在娱乐场景中，不由自主地进行消费。比如三只松鼠投食店中，既有比人还高的“镇店之宝”，让每个进店的消费者都情不自禁地和其合影留念，还有基于独立IP打造的卡通公仔，使消费者产生了情感上的愉悦，激发了很多人将其带回家的欲望；既有“小松鼠”们带着零食袋为消费者“投食”，还有用于慰问消费者的“水+轻食吧”和“萌系点心”。另外，三只松鼠还会不定期地举办各种各样的娱乐活动，比如松鼠时刻、K歌投食、狼人杀等。这样一来，消费者在投食店内便能吃喝玩乐一整天，收获满满的愉悦和幸福。

三大属性

线下场景应具备三大属性——社交属性、人文属性以及便利属性。

（1）社交属性。线下场景的社交属性要能让消费者不由自主地产生分享的冲动和欲望。这样一来，消费者也就变成了零售企业的免费宣传员和代言人，将零售企业的产品和服务信息传播给更多人。

（2）人文属性。智慧零售线下场景的第二个属性是人文属性，是指场景布局要具有人性化特点，要善于站在消费者的视角布局，最大限度地提升消费者的体验感，让消费者的消费过程变得更加便利、更加愉悦。比如各个零售店提供的免费Wi–Fi、免费饮品等，都体现出了人性化。

（3）便利属性。智慧零售线下场景的第三个属性是便利属性，可以分为购物的便利性、结算的便利性和体验的便利性。

购物的便利性是指零售企业要为消费者提供最便利的购物渠道和操作，比如网易严选将线下和线上的数据打通，让消费者在线下和线上都能够便利地进行消费，并且享受到同款同价。

结算的便利性是指零售企业要让消费者在结算过程中感受到最大的便利，充分享受到消费的愉悦，比如盒马鲜生便为消费者提供了人工结算和自主结算两种结算方式，同时消费者线上下单后还可以享受到3千米内30分钟送货到家的便捷服务。这样一来，便避免了消费者遭遇排队结算时的无聊和烦躁，从而收获良好的消费体验。

体验的便利性是指零售企业要为消费者创造更好的体验场景和条件，比如苹果体验店的一条长条桌上只放六台笔记本，原因是什么呢？是因为这样的间隔正好可以站三个人，符合两人结伴而行的同时还可以站一个员工给予讲解和咨询，这样一来消费者才会感受到便捷的服务，产生良好的消费体验。

总之，智慧零售的一大特征是在传统零售的基础上增加了诸多工具和玩法，更好地满足了消费者的消费升级需求，从而使得每一个人在消费和体验过程中更加愉悦。

3.6　千错万错，唯“快”不错

零售企业要想获得消费者的认可，取悦消费者，提供一流服务是必不可少的“杀手锏”。零售企业必须使自己获得更大的“空间”和“时间”优势——和消费者之间的距离越近，服务反应时间越短，自身在消费者心中的形象就会越高大，成为消费首选的概率就会越高。所以，零售企业在服务环节必须要形成和利用好“空间”和“时间”这两个优势，做到最快，这样才能最大限度地提升消费者的体验满意度，最终赢得消费者的好感和信任，收获消费者的忠诚。

那么零售企业应如何打造出空间和时间优势并将其转变为实实在在的服务优势呢？其实这个问题的答案很简单，我们可以用一个字来回答——快！正所谓“天下武功，唯快不破”，只要招式够快，那么便可以在别人还没反应过来前出招制伏对方。其实做零售，也同样适用“快”字诀——要想将服务做到消费者心坎上，就必须在第一时间响应消费者的需求，提供消费者需要的服务。

3.6.1 响应要快

零售商要做好服务，修炼好“快”字诀，首先要做到的是快速响应，在消费者提出服务需求之后第一时间进行回应，真正做到“有问必答，有求必应”。也许很多零售商认为响应快慢影响不大，最终把问题解决了就行，这种想法是非常危险的。从心理学的角度看，消费者对零售商的服务存在着期盼、恐惧等心理：零售商快速响应消费者的服务需求，会在第一时间迎合消费者的期待感，消弭他们对服务不确定性的恐惧，会大大提升消费者对零售商服务的满意度。一言以蔽之，服务还没具体实施，快速响应就已经在一定程度上收获了消费者的好感（图3–11）。

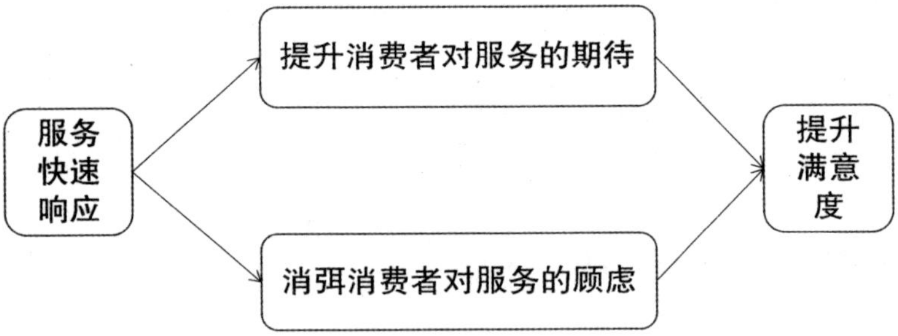

图3–11 服务快速响应的效果

有位智慧零售专家参加了一个零售店主组织的线下聚会。其中，有位服装店主感慨道：“这年头服务难做啊！消费者就是祖宗，挑挑拣拣，这也不满意，那也看不顺眼！”这位服装店主的话好像导火索，引发了大家的热议，你一言，我一语，开始诉说当前零售企业的苦楚。

不久，那位服装店主走到专家跟前，请教如何做好生意。专家首先反问了一个听起来很不可思议的问题：“既然零售这么难做，那你不提供服务不就行了？”

服装店主苦笑，说道：“现在零售市场竞争得非常激烈，不做好服务还有出路吗？”

专家笑了起来，看来做好服务这一点大家都懂，都知道做好服务是零售商成功的关键。他们困惑的不是提供不提供服务，而是如何提供服务才能得到消费者的认同。于是专家说出了自己的建议："快"是实体店做好服务的根本。紧接着，专家讲到了小米之家的服务：作为小米的线下零售店，小米之家推出了"1小时快修敢赔"服务，意思是在1小时内修好消费者的手机，假如在1小时内修不好就赔偿消费者20元。所谓"1小时"，是从小米之家前台受理业务开始，到维修服务结束的时间。其目的是让消费者体验小米之家服务的"快"，使消费者产生一种极致的服务体验。小米之家还设置了现场掷大骰子的游戏，假如小米之家的服务超时了，消费者掷出不同的点数，可以获得不一样的小礼物，以表示小米之家对未能兑现服务承诺的歉意。

那位服装店主恍然大悟，不管服务种类多寡，只要做到快速响应，大大缩短消费者的等待时间，那么消费者的服务体验就会更加接近完美；反之，假如服务响应速度慢，解决问题用时比较长，那么即使服务项目再丰富，消费者的服务体验也会变差，自然就会表现出各种不满。

3.6.2　解决问题要快

零售企业对消费者需求进行快速响应后，要立即开启问题解决程序，在第一时间解决消费者的问题，满足消费者的需求。零售企业可以向消费者明确解决问题的时间期限，比如"24小时解决问题""3天内全部办结"等，从而给予消费者一种"在短时间内解决问题"的心理暗示（图3–12）。

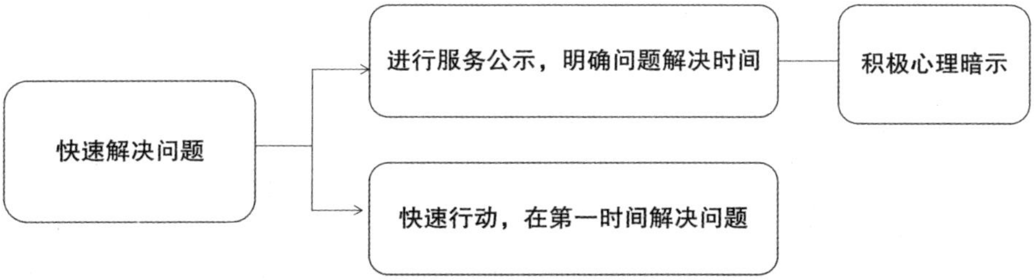

图3–12 快速解决问题的效果

3.6.3 制订赔偿标准

当零售企业在承诺的服务时间内没能解决消费者的问题抑或没能满足消费者的服务需求时，为了最大限度地减弱消费者的不满情绪，树立良好口碑，零售企业需要制订赔偿标准。赔偿标准的制订对零售企业而言具有两方面的作用：一方面，可以彰显快速服务的严谨、严肃，坚定消费者对零售企业快速服务承诺的信心，最终提升零售企业在消费者心中的品牌形象；另一方面，因服务不到位而给予的赔偿，能够大大减弱消费者的不满情绪（图3–13）。

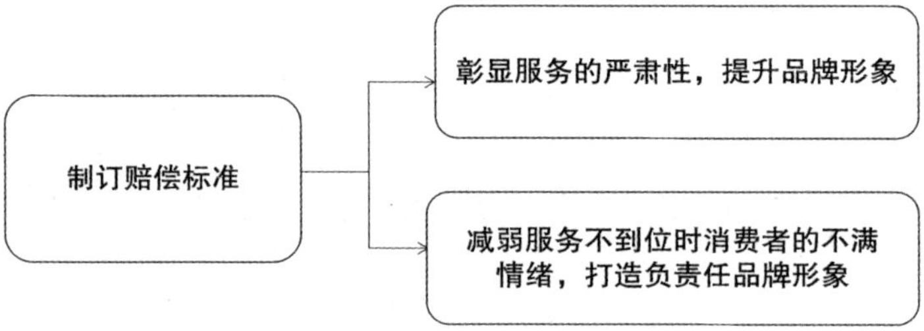

图3–13 制订赔偿标准的作用

第4章

围绕消费者打造智慧零售的购物场景

未来，不管零售如何改变，消费者永远是核心。也就是说，谁抓住了消费者，打造出更具智慧、更能愉悦消费者的购物场景，谁就能快速地吸引消费者的眼球，在消费者心中留下更深刻的印象，快速地获得消费者的好感和信任。

4.1　智慧零售的切入点在于洞察消费者

智慧零售的目标是更精准地把握消费者的需求，更好地为他们提供产品和服务，使他们产生最优质的消费体验。要想做到这一点，零售企业就必须首先弄清楚自身的潜在消费者，为他们贴上标签，洞察他们的心理。

4.1.1　消费群体是谁

零售商必须要了解自己的消费群体是谁，才能更好地去洞察他们，假如连消费群体是谁都不知道，谈洞察就是奢望了。在传统零售时代，零售商只能模糊地辨别消费者，要想精确地为其画像，贴上某种标签，是非常难的。而在今天，随着各种新技术的迅猛发展，借助大数据，零售企业能很方便地对消费者进行分析。

但是零售商不可能对所有消费者都知根知底，将每一个人都看成自己的顾客，只有那些真正具有购物意图和能力且愿意在店铺里消费的人对零售商而言才是真正的上帝。因此，零售企业要清醒地认识到，在这个崇尚个性化消费的年代，将所有消费者一网打尽，满足所有的需求，是不可能的。智慧零售企业会找到和自身经营方向相匹配的人，将他们视为自身产品和服务的潜在消费者。因为只有做到这一点，零售企业才能避免盲目竞争，才能做到精准营销，最终快速地聚集人气和流量。

当然，对零售企业而言，对潜在消费者的挖掘，并不仅仅局限于对现有消费者的争夺，还包括对未来消费者的争夺。那么谁才是未来的消费者呢？

（1）具有消费升级或者消费更新需求的人。这类人对消费具有更高的要求，希望能够获得更多、更优质的产品和服务。零售企业可以紧盯这类消费者，提前做好沟通，这样才有可能在消费者不知不觉间和消费者达成某种默契和共识，成为他们在满足需求时首先想到的品牌。

（2）主力消费者的“接棒”。随着时间的变化，消费群体开始出现“接棒”趋势，原本属于消费主力的“70后”“80后”逐渐交棒给“90后”，年轻消费者在消费中的话语权越来越大。年轻消费者是社交媒体中的活跃分子，他们喜欢分享自己的消费过程和心得，愿意进行充分交流，已经成为零售企业最为重视的未来主流消费群体。

4.1.2 消费者的需求是什么

“牛不吃水强按头”，说的是牛口渴了自然就会低下头喝水，它要是不想喝水，人怎么强行按头也不会低下头喝水。从中我们可以看出，动物是依据自身需求去行动的。牛尚且如此，更何况作为万物之灵的人类呢？人类的日常行为也是由需求决定的，有什么需求自然就会做出相应的行为。零售企业要想做好、做长久，首要的一点就是要弄清楚消费者的需求是什么，然后在此基础上满足消费者的需求。

一提到星巴克，消费者首先想到的就是香醇可口的咖啡、优美高端的环境以及无微不至的服务。在很多人的心目中，星巴克贩卖的不仅仅是咖啡，还有完美醉人的体验。

其实在早期，星巴克也曾经在定位上出现失误，导致消费者体验较差。后来，星巴克经过调查发现，那些经常喝咖啡的人，除了在意咖啡的口味之外，对周边环境、服务以及产品的具体形态都有着很高的期盼。了解到这一点后，星巴克除了提升产品品质，将更多的资源投入到了为消费者提供更好的环境和服务上，确立了“让消费者玩味这种充满感情的饮料”的经营理念，树立了“独特咖啡体验供应商”的品牌定位。

于是，星巴克制订了“一切从顾客需求出发”的发展战略。针对大多数消费者想要品尝更加醇正咖啡的需求，星巴克在产品研发上做足了功课——采用最优质的水，确定最适合的水温，选择最高品质的咖啡豆；针对消费者对舒适环境的需求，星巴克在店面装修上做足了文章，打造出浪漫、宁静的环境；针对消费者想要在记忆中留下浪漫、美好回忆的需求，星巴克推出了各种纪念杯……通过实施一系列走心的举措，星巴克最终成了大家心目中最好的休闲去处。

总之，星巴克做的不像人们最初想象的那种“服务顾客的咖啡生意”，而是提供咖啡的以人为本的需求生意——不管是物质上的需求还是精神上的需求，消费者都能在这里得到满足。

从本质上看，品牌的最终目的其实就是为消费者服务，所以零售企业必须要明确自己的目标消费群体。只有做好了这一点，零售企业才能提炼出他们的需求，继而有针对性地满足他们的需求。

4.2 社交：心连万家才会人见人爱

对零售企业而言，售卖产品并非最终目的，将消费者留住，将自身变为其生活顾问才是最重要的事情。单纯为了卖产品而卖产品，很容易导致“一锤子买卖”，而变为消费者的生活顾问，则可以反复做买卖。

零售企业需要转变思维方式，在售卖产品的同时，向消费者售卖社交场景，和消费者做朋友、谈话题、聊感情。只有帮助消费者获得更加顺畅的社交途径，编织更稳定、强大的社交网络，零售企业才能留住老顾客，迎来新顾客，快速地进行口碑传播，树立起自身的金字招牌。

4.2.1 优化会员制度，掌握消费群体走向

零售商要给消费者提供一种社交场景，让消费者不仅从店里买到了产品，还享受到了购物带来的乐趣。这样，零售商对消费者的吸引力才能最大化，在消费者心中才会更具价值。

线下社交购物的前提是将消费者“团结”起来，这意味着零售商要对那些精准客户、会员客户进行很好的“拉拢”。单纯地出台会员制度，推出会员享受优惠的促销活动，已经不能满足当前人们的需求。零售企业需要优化会员制度，掌握消费群体走向。

掌握会员信息，了解会员需求

零售企业实行会员制度的根本目的在于获得稳定的消费资源，与消费者形成稳定的长久关系。零售企业提供会员制服务，可以找到目标消费群体，可以让他们与自身通过这种会员关系产生忠诚的情感关系。

首先，零售企业要掌握会员的信息。如何才能做到这一点呢？零售企业可以通过引导消费者填写个人资料抑或调查问卷，收集消费者的某些个人信息。通过对这些信息做进一步挖掘和分析，零售企业可以为消费者画像，明确他们的具体消费特点和习惯，继而有针对性地引进产品和组织营销活动。另外，通过会员制，零售企业可以和消费者形成更为紧密的联系，从而更加方便、敏锐地发现消费者在需求上的最新变化，继而不断地改善自身产品和服务品质。

根据会员信息，零售企业可以做出更详细的分类，掌握会员群体走向。比如你经营着一家餐饮店，发放很多会员卡之后，不能寄希望于会员会主动定期用餐，应该通过会员信息来了解其需求变化，以便总结出会员的整体消费走向，进

而形成应对策略。

为会员提供个性化服务

知名营销学专家维特说过："在未来的竞争中，关键不是生产、销售，而在于你能为客户提供多少附加的价值和精心服务。"事实上，会员信息的确是企业非常重要的资源。可以说，会员制是零售企业赢利的重要制度。因此，零售企业需要重视会员开发，通过提供增值服务或者个性化服务，来吸引消费者。

零售企业可以为会员定期提供最新商品信息和促销信息，推出分期付款服务，甚至可以推出购物陪同、一对一会员导购等服务。此外，零售企业还可以为会员赠送企业内刊、优惠画册等。

比如，宜家家居就会向会员提供一些个性化服务。消费者注册成为宜家会员之后，会通过手机短信定期收到宜家的最新消息。此外，消费者还会不定期收到宜家家居邮寄来的宣传册、新品画册、产品杂志、家居指南等（图4–1）。

图4–1 宜家家居给会员免费赠送杂志

对会员来说，享受这样的待遇，自然会对宜家家居更加认同；而对宜家家居来说，这无疑是获得精准客户的一种方式。

4.2.2 线下俱乐部，给消费者归属感

零售企业不能局限于销售产品和提供服务，还应该应用社交网络思维改变思路，让服务更贴近消费者，给他们带来更多好处。零售企业可以将线下场景当作线上社交场景，注重消费者体验，注重互动交流，与消费者建立密切、和谐的关系。打造线下俱乐部，就是不错的选择。俱乐部可以使消费者产生归属感，具有不可替代的价值，给他们留下更深的印象。

将品牌内涵带给俱乐部的每一个成员

零售企业成立俱乐部的意义在于可以让消费者形成极强的凝聚力。

因此，俱乐部的意义非同寻常，是零售企业社交属性的重要体现。那么如何依靠俱乐部凝聚成员呢？零售企业一定要从消费者的内心出发，让他们感受到关怀，感受到品牌以及零售企业的价值。零售企业可以在线下组建俱乐部，然后召集成员，发起相关行动，让成员的内心产生触动，从而增强品牌的凝聚力。

一提到摩托，很多人首先想到的是“哈雷”。自问世以来，哈雷摩托便成了无数摩托车友眼中的珍品。后来，哈雷这一摩托车品牌渐渐融入了个性、自由、奔放、豪情等元素，总是会让人热血沸腾，令人充满了梦想。

哈雷摩托的粉丝遍及世界各地，这些粉丝都以加入哈雷车友俱乐部为荣。

哈雷摩托是世界顶级休闲摩托车品牌，自1903年在美国创立以来，就一直被无数摩托车迷所钟爱。哈雷代表的不仅仅是摩托车品牌，还代表着自由、个性、热情。在全美乃至全世界，哈雷摩托的实体店从来都是充满热血、有理想、追求自由的消费者的聚集地。

尽管哈雷摩托实体店分布得并不密集，但是哈雷的客户遍布全世界各个角落。这些客户有一个共同点：加入了哈雷车友俱乐部。哈雷在美国最先组建了哈雷俱乐部，很快吸引了大量的哈雷车友，他们有共同爱好、共同追求，一起传承哈雷的自由精神。

位于浙江乐清的鹰隼哈雷俱乐部的线下推广就做得不错。鹰隼哈雷俱乐部是

乐清的一些哈雷车友组建的线下俱乐部，车友们一起外出旅行，参加活动，一来二去，相互之间变得非常熟络。他们会一起前往北京、上海等大城市的哈雷销售店，对一些销售店举办的哈雷摩托车展也非常支持。这无疑扩大了哈雷的影响力，对哈雷摩托车的销售很有帮助。

总而言之，哈雷将无数俱乐部成员联系在了一起，让他们在线下体会哈雷带给他们的价值。

线下社交带来无限惊喜

线下俱乐部的社交属性要求俱乐部一定要给消费者惊喜，给他们心理上的安慰，这样才能让俱乐部持久办下去，也才能让俱乐部成员与零售企业间形成黏性。

在这方面，来自荷兰的啤酒品牌喜力就做得很好。喜力啤酒在全世界的各大线下超市、实体店中都能找到。但与普通的饮品不同，喜力更喜欢将自己当作一个独立的个体，成立了很多俱乐部，很多爱好喜力啤酒的消费者会时不时地相聚在一起。

喜力啤酒的这种成立线下俱乐部的做法，不但让消费者感受到了亲和力，还会带给消费者内心触动和惊喜。这种方式也给消费者传达了一种新的价值观念：喜力卖的不仅仅是啤酒，更是一种挑战。在“社交试验”过后，喜力成为纽约市民忙碌生活中的佳品良伴，在美国线下实体店的销量一路飙升，吸引了更多人走进零售店铺。

4.2.3 给消费者自由反馈的通道

如今的互联网企业，做的就是社交关系——在微信朋友圈卖货，做的是朋友买卖；微博上卖货做的是网友买卖……零售公司也可以像互联网公司一样，注重一下互动交流。

零售企业将社交进行到底的一种重要方式就是进行互动交流。对很多零售企业而言，可能老板根本没有想过在消费者购买了产品后对其进行回访：这款产品他们用得怎么样？使用中有什么不满意或不明白的地方吗？

实际上零售企业需要给消费者自由反馈的通道，与消费者形成良好互动，才能更贴近消费者，更了解他们的需求，更有利于企业的发展，更能留住消费者。

召开“圆桌会议”，让消费者自由发言

零售企业可以召开“圆桌会议”，邀请消费者参与，让大家自由发言，反映问题，提出建议、需求，企业在现场做出解答，设法满足消费者需求。

2015年夏天，某超市购物中心为了维护好老客户，发展新会员，拉近与消费者间的距离，了解消费者需求和反馈，举办了“会员一家亲”座谈会。在活动中，超市为会员提供了丰盛的自助餐，以感谢会员对超市的支持，同时邀请会员通过兑换积分领取奖品。另外，在活动中，超市为会员提供了自由发言的机会——会员可以对超市提供的服务、产品等提出意见或建议。

最终，超市方面做出了总结，出台了解决问题的方案，会员们一致叫好。

借助各种渠道听取消费者意见

零售企业要想获得消费者的意见，除了与消费者面对面地沟通，还可以借助一些其他渠道。

比如，很多零售店会设立消费者意见反馈区。在这里，消费者可以写下对实体店的建议和期望。当然，消费者也会看到其他消费者的建议以及企业的回复。这样就让消费者与消费者、消费者与企业之间形成多重社交关系。这对一些咖啡馆、西餐厅等而言都是不错的选择。

再比如，零售店可以创建微信公众号或者开通微博，吸引消费者关注，通过这样的方式，获得更多消费者的需求，从而为下一步的营销计划做准备。

实体咖啡店太平洋咖啡，非常注重消费者意见，创建了微信公众号，设有“意见反映”选项，消费者可以在这里填写自己的姓名，所居住的城市、去过的太平洋咖啡店分店名称、电话等，然后写下自己的意见。太平洋咖啡会从中挑选出幸运消费者，给消费者送礼物等。这种方式在很大程度上激发了消费者为太平洋咖啡提建议的热情，对太平洋咖啡来说是一种不错的意见获取通道（图4–2）。

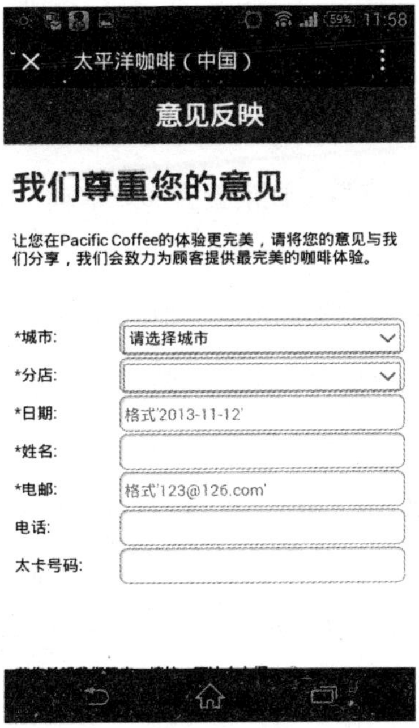

图4–2 太平洋咖啡微信意见反馈

此外，零售企业可以建立QQ群、微信群等，邀请消费者加入，形成消费者群。在这里，消费者会对零售店的情况更加了解，发现其优势和不足，提出意见。

4.2.4　面对面解答消费者的专业问题，形成朋友关系

零售企业要想与消费者建立良好的关系，开展社交营销，最重要的是要与消费者间形成一种稳定的关系。这要求零售企业充分利用自身优势，面对面地与消费者友好交流。

让“买茶者”成为“茶友”

要想让消费者与零售企业之间建立良好的社交关系，需要有一种东西在中间维系，搭建桥梁。这种东西就是产品。零售企业可以根据自身经营的产品或者服

务，与消费者进行“面谈”，以维护好彼此之间的关系。

比如，茶叶店要想与消费者建立社交关系，需要让“买茶者”成为“茶友”。

比如，相关人员可以同消费者一起品茶，教消费者一些专业的泡茶、品茶技法。在这个过程中，通过交流，彼此会成为品茶的好友。

当然，很多零售商都可以走这样的社交路线。

解答消费者的一些专业问题，让消费者形成依赖

为了能更好地黏住消费者，零售商还可在店内面对面解答消费者提出的一些专业问题，尤其是一些消费者不懂却很感兴趣的问题。

Zippo是全球知名打火机品牌，在全球各地有很多实体专卖店，光顾Zippo店铺的消费者往往都是回头客。这些老客户很依赖Zippo店，原因在于Zippo店相关人员会在店内面对面地向消费者解答一些关于Zippo打火机的专业问题。这些问题通常都是男性消费者最关心的问题，比如如何更帅地使用打火机，如何使用Zippo容易吸引女性目光等。所以，对消费者来说，买到的不仅是一个打火机，还是男人的魅力。

在这个过程中，零售企业需要注意两点。第一，专业问题需要由专业人员解答。第二，了解消费者需求，抛出一些消费者感兴趣的问题。如果零售企业抛出的问题是消费者丝毫不关心的，那么即便解释得再专业，也无助于社交关系的形成。

让消费者在社交中消费

零售店开展社交营销的原因，无非是让消费者在良好的社交关系中消费。事实上，这本身就是一种营销手段。通俗一点来说，就是让消费者一边与零售企业以朋友的关系相处，一边掏钱买东西。

玫琳凯直销化妆品就是这样做的。虽然玫琳凯采用的是直销模式，但是也为消费者打造了化妆体验室。在这里，消费者与玫琳凯的专业美妆师就像朋友一样轻松聊天，可以聊家庭、工作、爱情，等等。在这个过程中，消费者还能享受到玫琳凯专业美妆师传授的化妆护肤技巧。

玫琳凯的专业美妆师会一边与消费者聊天，一边将玫琳凯产品巧妙地推销出去。消费者在现场感受到化妆品的好处，以及美妆师精湛的化妆技巧之后，最后发现自己已经与美妆师成了好朋友。那么，购买朋友的产品，也就非常自然了。玫琳凯最大的魅力在于，不要求消费者第一次体验后就购买，而是把同消费者交流、形成社交关系作为重点。一来二去，消费者也就自然会买朋友的产品了。

4.3　共享：打破边界，给予消费者更大的选择自由

零售企业要想围绕消费者打造良好的购物场景，最大限度地提升消费者的消费体验，共享是一种绝对不容错过的方式。“共享”和“零售”两个词放在一起，乍一看可能并不匹配，毕竟在很多人的潜意识中，零售需要卖货挣钱，而拿着零售货物去共享，那么整个产业的经济链条就会断裂、崩溃。其实不然，商业模式可以千变万化，但是吸引消费者的核心却是永恒不变的。我们可以将传统零售归结为“熟人经济”模式，供货和销货渠道都比较单一，显然已经和当前的消费需求脱节了。

4.3.1　通过资源共享构建免费、便捷的购物场景

零售企业通过为消费者提供可以共享的资源，可以最大限度地满足消费者的多样化需求，构建更加便捷的购物场景。而且零售企业通过开展发放红包、优惠促销等活动，可以让消费者免费享受到共享资源，会在很大程度上提升消费者的购物满意度，将消费者变成自身品牌的免费“推广员”，快速地树立起口碑。

（1）引进共享企业和资源，为消费者构建最便捷的购物场景。零售企业可以和共享企业合作，在店内配置共享充电宝、共享马扎、共享书籍等，最大限

度地为消费者搭建便捷、轻松的购物场景，让消费者享受到更加便捷、人性化的服务。

（2）通过红包、折扣、免费券等形式促使消费者分享。零售商可以通过和共享资源的提供企业合作，以红包、折扣、免费券等形式，让消费者享受到免费的共享资源，以此强化消费者对零售商所搭建的购物场景的认可，推动他们在社交平台上进行分享，从而快速地在目标消费群体中树立起良好的口碑。

4.3.2 通过商业空间共享构建丰富业态组合

零售企业可以通过共享闲置的商业空间，配套丰富的业态，给予消费者更多的选择。什么是商业空间共享呢？比如万达广场、王府井百货、大悦城等商业综合体内，以及街头巷尾的零售店铺内，都会有一些闲置的空间，零售商完全可以将其租给个人或者零售企业，使其价值得到更好体现。这样一来，零售商就可以和其他个人抑或企业联手，打造更加丰富的业态组合，给予消费者更多的选择。

邦马特智能微超利用一些分布在居民区、商务办公楼、高校宿舍楼等处的边边角角的空间，通过合理摆放无人售货机，主打高品质的生鲜美食，为消费者提供了更加丰富的品类选择，满足了他们的即时性购物需求。邦马特武汉运营中心负责人说，在高峰期，每台无人售货机的日销售额可以达到1000元。连接不起眼的狭小空间和品牌商，为消费者提供更加丰富的品类选择，邦马特智能微超极大地提升了自身的商业价值。

4.4 参与：感官营销让旁观者变为参与者

打造良好的参与场景，将消费者由旁观者变为参与者，对零售企业提升消费者的满意度有着巨大的作用。要想实现这一点，零售企业必须做好感官营销，能够在感官上给予消费者强烈的刺激。

4.4.1　用良好的体验留住消费者

随着电商的快速发展，很多消费者选择在网上购买纸质图书，或者下载电子书，使用阅读设备来看书。实体书店的生存空间越来越小，不少书店只好关门大吉。在这种“关店潮”中，依然有一些实体书店在市场上站稳了脚跟，甚至开设了不少分店。同样是实体书店，为什么有的屹立不倒，有的却关门大吉了呢？

原因在于，同电商相抗衡的书店，用良好的体验留住了老客户，拓展了新客户。

钟书阁是一家位于上海松江的实体书店，坐落在具有泰晤士河边小镇风格的英伦建筑群中，外观充满艺术感和复古时尚感，玻璃上印满了与艺术、修养有关的格言。

一走进钟书阁，视线所及处除了书还是书，墙面上、书柜上，就连玻璃地面上也都是藏书，从整体上给人以震撼。独特的空间格局和浓厚的书香氛围，让钟书阁荣膺上海“最美书店”的称号。

钟书阁的老板将每个空间都巧妙地与书籍相结合。在通往二楼的楼梯下，消费者依然可以看到书的“倩影”。如此优雅、时尚、复古的环境，吸引了很多读书爱好者，店内提供了各种独特的阅览区，读者可以惬意地看书，享受美好时光。

有人说钟书阁卖的不是书，而是阅读场景。向读者“出售”良好的阅读体验，让钟书阁在上海闵行、江苏扬州、浙江杭州等地都开设了分店。

在上海独立书店中属于先行者的渡口书店，也用良好的体验打动了进店的每一位读者。这家店虽然很小，很低调，但是纯粹、简单。店内的书非常多，但也是店主精挑细选后的结果。在这里，读者不仅可以买书、看书，还可以享受独立空间。

所以说，良好的体验能够给消费者带去情感上的愉悦，能让消费者感受到企业的魅力。这点是零售企业吸引消费者进店，提升他们参与感的法宝。

4.4.2 开创店内DIY活动，吸引消费者动手

要想最大限度地提升消费者的参与感，零售企业需要创建让消费者动手的场景。零售企业可以通过很多种创意营销方式，找到新的发展路径。其中，开创店内DIY活动，能够打造出真实、有趣的参与感。

云南红谷皮具在2015年7月12日于昆明青年路开设了首家红谷皮具旗舰体验店。这家店铺毗邻古驰、爱马仕等奢侈品店铺，面积约1000平方米。

进入这家零售店，人们会立即发现这是一个富丽堂皇的地方。一层是经典皮具和丝巾饰品展示大厅，二层是以皮具为主题的文化咖啡馆和制作体验中心。可以说，在约1000平方米的体验馆中，既充盈着这个皮具品牌的品牌文化，又弥漫着休闲娱乐的生活气息。

创新是红谷皮具实体店得以生存并且壮大的主要原因。在这里，消费者可以购买自己心仪的产品，也可以在这里体验手工DIY，感受红谷的文化魅力和气息。

每个月，红谷都会在这个实体店中举办一次DIY手工体验活动，消费者可以报名参加。在活动中，红谷皮具会向消费者展示精湛的刺绣、皮雕等工艺，也会让师傅专门带领消费者进行DIY体验，让消费者亲身感受制作皮具的魅力。

有了这种手工DIY的体验，消费者跟红谷就不仅仅是一种商业上的关系了，更容易常来常往，产生感情纽带，增强黏性。

4.4.3 让消费者动手，享受成就感

零售企业可以在线下推出一些时尚、富有新意的活动，比如可以号召消费者参与“走秀”活动——让消费者当一回模特，享受走秀带来的快乐。

在这方面，红谷皮具依然做得很好，其线下的实体店会定期举办“生活就要‘围’所欲‘围’”的活动，消费者可以在线上、线下报名参与，前往昆明红谷

实体店进行红谷丝巾随性试戴。在活动中，消费者可以自行挑选、搭配，然后拍照，将照片发送给红谷，之后粉丝会进行投票，最终评选出30名候选人进入复赛。

红谷会邀请进入复赛的30名候选人在店内进行现场走秀，进行决赛，最后举行颁奖典礼。在这个过程中，红谷皮具并不要求消费者购买丝巾，允许消费者拍照、摄影，享受走秀产生的成就感。这既让消费者展现了自己的魅力，又宣扬了红谷的开放、时尚精神，红谷因此得到了更多消费者的支持。

与红谷皮具类似的还有宜家家居。在宜家家居购物时，人们几乎看不到服务人员，消费者可以在每一个家装区域动手摆设出自己想要的格局。这种方式彻底释放了消费者动手的欲望，让消费者产生满满的成就感。这就是宜家家居带给消费者的感动。

4.5　有趣：花钱不仅为购物，还为满足情感需求

对消费者而言，花钱消费并非单纯地为了购物，他们更看重购物过程中的情感享受，希望在购物过程中收获成就感和满足感。所以零售企业在构建场景的时候，应当尽量满足消费者情感上的需求。

4.5.1　创新玩法，让场景胜过产品

要想让消费者觉得有趣，零售商就必须善于进行场景创新——传统的、大众化的场景已经让消费者产生了审美疲劳，这类场景再多，也不可能带给消费者惊艳感。只有创新场景，构建新奇的、有趣的、科技感十足的场景，才能带给消费者惊喜，让消费者尖叫。

国际著名潮牌优衣库在澳大利亚曾经举办过一场名为“脑波探测器”的体验

活动，这种探测器可以为进店消费者挑选合适的T恤。有些消费者在优衣库选购T恤时，看到这件很漂亮，看到那件也很漂亮，挑来挑去，最后不知道该买哪一件。“脑波探测器”可以探测出什么样的T恤最适合消费者。

消费者只需要戴上类似耳机的设备，然后通过面前的大屏幕观看几段视频——视频中有几个片段，如森林里读书的女人、一只猫、跳舞的男人、樱花落下等。之后，这台机器会根据消费者对这些片段表现出来的兴趣、喜好、集中度等，列举适合消费者的T恤供其选择。

这个设备是由日本广告公司研发设计的，在澳大利亚优衣库店的反响不错。尽管精准度有待提高，但这种创新的体验模式，无疑对消费者产生了巨大的吸引力。事实上，消费者关心的并不是测试的准确度，只是感觉新鲜、刺激、有趣，想体验，想尝试。

可见，只要零售商能够构建有趣的、刺激的体验场景，紧紧地抓住消费者的感官情感，迎合消费者的猎奇心理，就不难留住他们。

4.5.2 与消费者拥有相同兴趣，打破传统商客关系

零售企业要想做大做强，不仅需要打造良好的产品和服务，还应该打破传统商客关系，让自身和消费者之间的连接更加紧密。如此，零售企业才能让消费者觉得自己更值得关注。

有些零售企业的门店为什么开到哪里哪里火？除了产品好之外，更重要的在于人。这些零售企业能够打破传统商客关系，和消费者构建新型而又有趣的连接。零售企业与消费者拥有相同的兴趣，从消费者的角度出发思考问题，不但能够形成长久的社交关系，还可以使零售企业获得长远发展。

零售企业首先要了解自我，才能与消费者有共同语言

要想与消费者拥有相同的兴趣，打破传统商客关系，零售企业首先要了解自我。这是什么意思呢？难道零售企业不了解自己吗？事实上，很多零售企业往往

只是为了赚钱而开店，但为了赚钱而赚钱不能长久地留住消费者。零售企业相关人员如果不了解产品，那么在面对消费者的提问时，就无法应对，无法令消费者满意，必将导致消费者流失。

事实上，消费者如果选择来店购物消费，说明他们对我们的产品或者服务感兴趣。如果我们不了解所销售的产品，那么就无法与消费者形成良好的互动，这就是单纯的商客关系。

所以，零售企业相关人员首先要对所售产品感兴趣，充分了解，才可能与消费者有共同语言，继而构建出有趣的场景。

例如，经营体育用品店的相关人员不能只是机械地给消费者报价、打包、收钱，必须自己对体育运动、体育用品感兴趣，懂得一些运动健身知识，这样面对消费者时才能做到有问必答，才能投其所好。在互动过程中，相关人员可以引导消费者关注一些有意思的运动竞技比赛以及相关产品，通过愉快地聊天，成为好朋友。如此一来，零售企业不但拓展了自己的销售线，还与消费者间形成了良好的社交关系，消费者对零售企业会更信任、更依赖，日后在购买体育用品或者了解运动项目时，会首先想到这家体育用品店。

通过兴趣和消费者建立连接

零售企业构建有趣的场景，最简单、有效的一种方法是通过兴趣将自身同消费者连接起来，让消费者感受到亲切和真诚。

查理布朗咖啡店是一家慢生活咖啡店，在上海、沈阳、兰州、重庆等地都有实体店，每家实体店的消费者都络绎不绝。很多人从名字上可以看出，这是一家有主题的咖啡店。没错，这个咖啡店品牌起源于《花生漫画》，是一家融合动漫主题文化和咖啡文化的非主流咖啡店。

查理·布朗是美国著名漫画家查尔斯·舒尔茨画的漫画《花生漫画》中的主角。这部漫画深受人们喜爱，无论大人还是小孩。

毫无疑问，喜欢查理布朗咖啡店的消费者大都是《花生漫画》的粉丝。人们走进这家咖啡店，仿佛置身于漫画中。店内的各种查理·布朗和史努比的玩偶也深受人们喜爱。

更有意思的是，这里的服务员也都对这部漫画情有独钟，服务员可以轻松地与消费者打成一片。在查理布朗咖啡店内，经常会从某个角落传来哈哈大笑声，这是服务员与消费者在分享欢乐。在咖啡店内，消费者还会专门去吧台找服务员聊这部漫画，久而久之，消费者自然就会成为查理布朗咖啡店的常客。

这家咖啡店彻底打破了传统意义上的商客关系，用漫画为消费者建立了兴趣场景，让消费者对零售企业产生更深的情感归属。

4.6 简单：一站式营销，让消费者为效率付钱

零售企业围绕消费者打造的智慧零售场景，还需要具有简单、便捷的属性，这能够让消费者不用思考就能找到想要的产品抑或服务。如此，消费者才会对零售企业更具好感。

4.6.1 即买即送即装，让消费者享受一条龙服务

过去，人们去店铺买东西，不管东西多么多、多么大，都要自己想办法运回家；有时候买到需要安装的大物件，还需要自己根据产品说明书来一步步安装，这样很耗费时间。可以想象一下，这种烦琐的、耗时的消费体验一定是非常糟糕的。

零售企业一条龙服务的推出，可以完美地构建简单消费场景，满足消费者便利化的购物需求，在提升消费者满意度的同时大大地提升了品牌形象。

（1）让消费者便利地享受全套服务。有人说，只有网店的消费者才能便利地享受到全套服务。事实上，如今的很多实体店也实现了这种方式。消费者只需要提前前往实体店，看好产品，询问好价格，下单购买，之后便可回家等待享受

全套服务了。

海尔家电在这方面就做得很好。海尔家电在全国多个城市都有专卖店，这些海尔专卖店的销量非常高，不仅是因为海尔产品的信誉、品质保证，更重要的是，在当前大数据时代下，海尔家电的实体店跟上了时代发展，能让消费者便利地享受全套服务。

消费者在海尔家电的实体店里购物时，需要先选择一款贴有“24小时限时达”标签的产品，在24小时之内，海尔家电的师傅就会为消费者送货到家，并且会为消费者安装产品，一步到位，让消费者享受一条龙服务。

此外，消费者在家里还可以向安装师傅提出自己的设计服务需求。安装师傅会为消费者提供安装、设计方案，以满足消费者需求。

更重要的一点是，海尔家电的产品线上线下价格相同。这样就会让消费者更多地选择在实体店购物，不但体验和感受到了产品，还可以享受更多服务。这样的实体店销售，消费者怎可能拒绝？

（2）安装免费，服务到位。在网上购物，尤其是购买家具产品时，消费者往往会遇到这样的问题：产品价格十分合理，但是运费和安装费却高得出奇，甚至有些产品的安装费超出了产品价格的一半。这样的销售方式，往往让消费者大跌眼镜。

试问，你在网上购买了一台2000元的电视机，却要付200元的安装费和50元的运输费。即便电视机买得很合心，但在安装时，你难道不会感觉有小小的不如意？

在负责免费安装的零售店里购买则不然，同样买一台2000元的电视机，消费者能享受免费送货和免费安装的待遇。这样的待遇，你会拒绝吗？而且在安装过程中，你还可以提出特殊要求，以满足自己个性化的安装需求。

对比来看，零售店的销售模式无疑更吸引人。

4.6.2 思虑周到，让消费者充满感激

对零售企业而言，只有深入了解消费者，抓住他们的需求，才能真正满足消费者，愉悦消费者。

（1）识别消费者的服务需求。要想做到服务周到，让消费者充满感激，零售企业首先要识别消费者的服务需求，要意识到哪些是消费者应该享受的服务和待遇。识别消费者的需求，要从多方面入手，我们首先应该想到消费者最需要的服务。

欢迎语和装修环境，是消费者感受到的最初服务。因此，零售企业从这两方面入手，更容易让消费者感激。

首先，在欢迎语上要思虑周到，一定要具有即时性。服务人员最好在消费者进入服务区域的30秒内就主动打招呼，这会让消费者感受到零售企业的主动和热情。此外，零售企业的服务应该先于消费者一步，比如消费者不必开口，面前的杯子就会加满水等。零售企业相关人员还应该在态度上保持良好，比如要一边带领消费者逛店，一边与他们热情交谈，不能一言不发。这些都能让消费者内心充满感激。

其次，零售企业要根据产品、服务的特点和消费者的需求来进行装修，比如在店内设置休息室、上网区、行李存放区等。这些合理且贴心的安排，会让消费者备感亲切和感激。

例如，位于北京南站的太平洋咖啡店，会为进店的消费者提供行李存放服务。北京南站是高铁动车组列车停靠的车站，途经这里的人员大多为商业人士。太平洋咖啡店提供的这种服务就非常符合这类人群的需求。进店消费者往往会携带行李物品，该店就在店内设立了专门的行李存放区。只要消费者带着行李进门，就会有专门的服务人员帮提行李，并且帮助妥当放置。

太平洋咖啡店靠提供这种服务，自然赢得了越来越多消费者的光顾。

（2）自助服务周到。零售企业还可以给消费者提供更多自助服务。我们知

道，消费者性格各异，需求也各不相同，服务人员不可能时时刻刻跟随他们——尤其是对大型零售店而言。那么，消费者的需求如何满足呢？这就需要给消费者提供自助服务，比如设立询问台、服务台，商场路线标示牌，自助提款机，电子触屏导向牌，等等。这些可以帮助消费者自主满足相应的需求。

在银川金凤新华联商城内，消费者一进大门就会看见一台一人高的触屏机。消费者可以通过这台机器获取一切所需服务。

在这台机器的屏幕上，我们能够看到本地时间、天气、温度状况，还能看到"会员到店礼""会员办卡礼""品牌导购""楼层导航""公共设施""娱乐""餐饮"等各种自助服务板块。

点击"品牌导购"会出现各种服务板块，如"购物""餐饮""娱乐""亲子""其他"等。在"餐饮"中，我们会看到该商场中各种餐饮店的信息，如照片、具体位于哪层、特色菜等，点击"查看详情"还能看到该店的消费均价、服务水平等。

点击"楼层导航"，会出现该商场的楼层情况。消费者可以点击任意想要了解的楼层，会出现位于该楼层的品牌店铺、电梯位置、公共卫生间、立体地形等信息，方便消费者详细了解每一楼层的信息。

零售企业向消费者提供这种考虑周全的自助服务，不但节约了大家的时间，为大家提供了便利，还能够让消费者得到更多的信息，获得更多的消费选择权，自然会顾客盈门。

（3）细节周到，让消费者充满感激。在细节上，零售企业一定要尽可能满足消费者。比如，遇到下雨天，零售企业可为大家送上雨伞，以表示关怀。这样消费者会觉得欠了零售企业一个人情，从而对零售企业充满感激，必然会在以后的时间里再次光临。再比如，消费者在海底捞火锅店用餐时，如果小孩子哭泣吵闹，店内服务人员就会变身为"保姆"，为消费者"看孩子"，带孩子去儿童游乐区玩耍，给予孩子特殊的照顾，以便让消费者更安心地用餐；如果消费者是长头发，在用餐时感到不便，服务人员会在第一时间送上精致的扎头绳。

这些细节很容易打动消费者，使消费者变身为零售企业的免费推广员，主动为零售企业的产品和服务做宣传，带来更多的消费者。

4.6.3 退换货只需一个照面

在购物的一条龙服务中，消费者难免会遇到一些不如意，如产品不符合要求等，这会让消费者萌生退换货的想法。对零售企业而言，简单而又充满智慧的零售场景，会满足消费者快速退换货的需求。通常情况下，消费者购买的产品（除餐饮产品、内衣裤等产品）只要包装完好，全新，不影响二次销售，消费者就可以带着购物凭证办理退换货。

（1）零售企业更为人性化的服务还体现在，如果购物凭证丢失，或者产品包装有所损坏，也可以酌情退换货——这就显示出了零售企业的真诚和服务周到。

购物凭证丢失和包装损坏，一定不是消费者故意为之的，只要产品完好，不影响二次销售，就可以退换。此外，有些消费者的问题可能更麻烦一些，比如衣服穿过一次、吊牌丢失、鞋面剐蹭等，智慧的零售企业可通过沟通确认，灵活处理，实现“部分退换货”，比如退款50%等，从而可以在很大程度上提升消费者的满意度。

（2）零售企业的退换货时限可以不止7天，还可以更长。假如零售企业提供的退换货服务不局限于法律规定的“7天之内”，而是将期限延长得更久，久到让消费者无法想象，那么必然会在消费者心中构建起一个简单、高效的退换货服务场景，从而获得他们的认可。

位于广东省江门开平市的开爱可亲母婴生活体验馆在退换货方面十分宽松，规定：在店内购物的会员，可以享受15天无理由退换货服务。这对零售店而言是一种突破，更是一种巨大的优势。此外，该体验馆还承诺，部分产品即便拆开了，只要不影响二次销售，也可以酌情退换。这再次降低了退换货的要求，让更多消费者惊喜。

宜家家居在退换货方面更开明，只要货品没有组装、破损和使用，可以在60天内携带原始购物凭证和外包装完整的产品到商场直接办理退换货。此外，宜家俱乐部的会员可享受服务优待，在180天之内都可以办理退换货。

在换货方面，宜家特别推出了床垫可以在家试用90天的服务，如果在这个时间段内，消费者发觉床垫不舒服，可以有一次重新挑选床垫的机会。

4.7　个性：唯一的不同是处处不同

现阶段，随着社会经济的不断发展，人们生活水平的不断提升，有时质量和价格已经不再是人们选择产品时的重要决定因素了。之前，人们在购买产品时一看质量，二看价格，在质量差距不大的前提下，价格往往会成为人们选择产品时的决定性因素——谁的价格低，就购买谁的产品。但是，随着人们能够支配的社会财富不断增加，人们对产品质量和价格的重视程度开始下降，对个性越来越重视。

4.7.1　锁定高收入年轻消费群体

对零售企业而言，个性化的场景设置对应明确的目标消费人群才能发挥出最大的效果。零售企业所构建的个性化场景应当将目标消费群体锁定在经济实力比较强的年轻人身上。人们的经济实力越强，收入越高，越年轻，对个性化、品质化的产品需求越大。所以零售企业在构建个性场景时要有重点，应当尽量选择目标消费群体所钟爱的个性元素，这样才能最大限度地吸引目标消费群体，提高自身零售品牌的口碑与形象。

（1）调研高收入年轻消费群体的特征，进行画像：高收入的年轻消费群体在性格上有什么共同特点？喜欢什么颜色？有何个性？喜欢什么类型的产品？生活作息如何？通过全面调研，零售企业可以对这类消费群体进行画像，从而精准地定义这类消费群体的特征。

（2）分析高收入年轻消费群体的喜好。他们有何兴趣爱好？对什么感兴趣？喜欢什么样的流行元素？有何价值取向？只有找准高收入年轻人的喜好，零售企业才能把好他们的个性脉搏。

（3）在对高收入年轻消费群体有了全面、精准的认知后，零售企业有针对性地引进产品或者生产产品，使得产品的外形、功能和目标消费群体的个性契合，最终最大限度地吸引他们的目光（图4–3）。

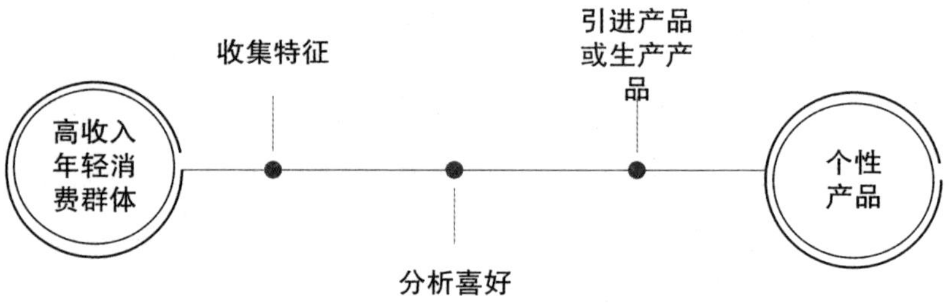

图4–3 锁定高收入年轻消费群体

4.7.2　定制，让消费者张扬个性

消费者在购买过程中会表现出个性化倾向，假如零售企业能够利用好这种个性化倾向，打造定制场景，将消费者的个性和产品个性融合在一起，那么必然能够极大地提升消费者的满意度。

刘静是一名“80后”，经营着一家时装店。面对电商的激烈竞争，她精准地抓住了服装定制这个风口，在店内专门设立了一个“私人定制服装”柜台，变身为消费者张扬个性的“顾问”。

在刘静看来，一套无论尺码多么标准、品质多么好、牌子多么响亮的成品服装，因为并非量身定制的，所以穿起来总会有一些细节让人不甚满意。另外，随着社会经济的不断发展，服装的功能已经从传统的遮体、保暖发展为张扬个性，那种传统的规规矩矩的服装自然也就成了人们眼中的“古董”。每个人都希望自己有一套有品位的服装，既要穿着舒服，又要高端、大气，抑或让自己看起来个性十足。

刘静对此深有感触，在她的生活圈子里，都市白领、城市新贵并不少，他们在衣着上非常讲究，要求衣服既要有品位，又要有个性。这类人经济实力比较强，平时购买的服装价位在2000~10000元之间，甚至三五万、十几万也能承受。

刘静将“私人定制”业务瞄准了这类人群。这项业务仅仅推出半个多月，就有一百多位消费者预约，特别是一些欧美人士，对刘静的“私人定制”服装青睐有加，认为“量身定做的服装值得尊重”。

由此可见，“私人定制”业务契合了消费者张扬个性、追求品位的着装要求。制式服装虽然价格便宜，却并不能满足都市多金消费者在个性化和品质化上的需求。

需要注意的是，既然是定制产品，那么消费者在下单之后可能当场取不了货，这就在一定程度上降低了大家的消费体验满意度。假如定制产品所需时间比较长，那么对零售企业而言显然是非常不利的。所以零售企业需要不断地改善定制的流程，提升定制产品的生产效率，力求在最短的时间内将定制产品交到消费者手中。

4.7.3 借助移动互联网，推出创意个性化体验

随着移动互联网的发展，零售企业应该推出更多的个性化体验，给消费者带去新鲜感，跳出传统意义上的实体营销，如此，才能创造出更具个性化的体验。

优衣库在日本曾经推出一款应用UTme。这款应用受到了广大年轻消费者的喜爱，通过移动端下单，促进了优衣库产品的销售。

优衣库的这个应用程序大大提升了消费者对品牌的关注度，对消费者来说也是一次超乎想象的体验。这个应用程序可以让消费者自己设计图案，增加色彩，上传图片，定制出独一无二的属于消费者自己的T恤。

消费者在自己动手设计T恤图案的同时，也可看到其他消费者的“作品”。这时消费者可以点击应用程序跳转到UT gallery的网页版，选择是否喜欢其他人的设计，这样就实现了消费者间的互动。

优衣库借助移动互联网不仅刺激了消费者消费，在某种程度上还提供了一个消费者之间相互交流的平台。这对优衣库的宣传和产品营销，都有很大的作用。

更重要的是，这种方式会给消费者带去新鲜的体验，让消费者产生“我型我秀”的感觉。无疑，这样的个性化体验非常值得是他实体店学习。

4.7.4 为产品贴上特定标签

相对于大众化场景而言，个性化场景必须要有自身鲜明的特点，能够让目标消费群体一眼就喜欢上。基于此，零售企业在推出个性化场景时，要善于为场景贴上特有的标签，诸如品质、潮流、时尚、趣味、青春、成功、尊贵、典雅……这样一来，标签化的场景对目标消费群体势必更具吸引力、更具魅力（图4–4）。

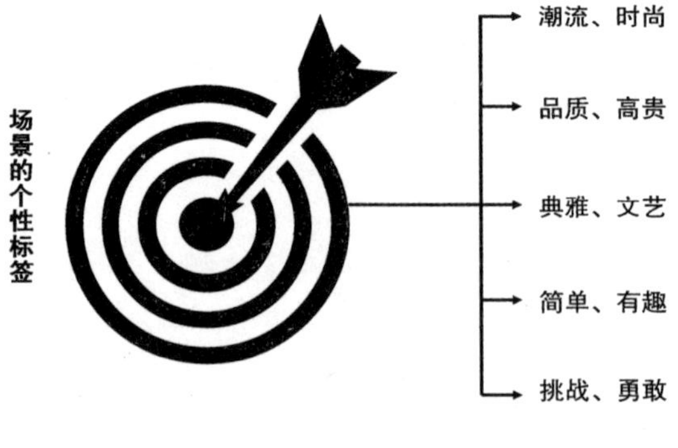

图4–4 场景标签化

第5章

极致的零售才是智慧的零售

智慧零售必是极致的零售——为消费者提供极致的商品、极致的服务、极致的购物体验，等等。这样一来，零售企业就能让消费者处处感到愉悦，甚至时不时地尖叫，消费者自然也就倾向于在这种极致化的体验中消费。

5.1　修建智慧零售下的6条极致法则快速跑道

要想依靠极致化让自身变得更加智慧，零售企业就必须设法让自身在某些方面做到最好或者更好。只有做到这一点，零售企业在消费者心中的分量才会更重，品牌形象才会更正面、积极。要想做到这一点，零售企业需要为自己修建以下6条极致法则快速跑道。

5.1.1　极致的效率快速跑道

对零售企业而言，效率是极为重要的。在某种程度上，零售企业只有不断地提升效率，将之做到极致，才不会被市场淘汰。因为极致的效率不仅会大大降低零售企业的运营成本，还会使消费者产生一种智能、流畅的购物体验，最终使得零售企业品牌在消费者心中占据更重的分量。

盒马鲜生便是以极致效率赢得消费者厚爱的典型。借助移动互联网，盒马鲜生得以精准地为年轻消费者画像，分析他们的行为数据，以此为基础更有针对性地进行效率提升（图5-1）。

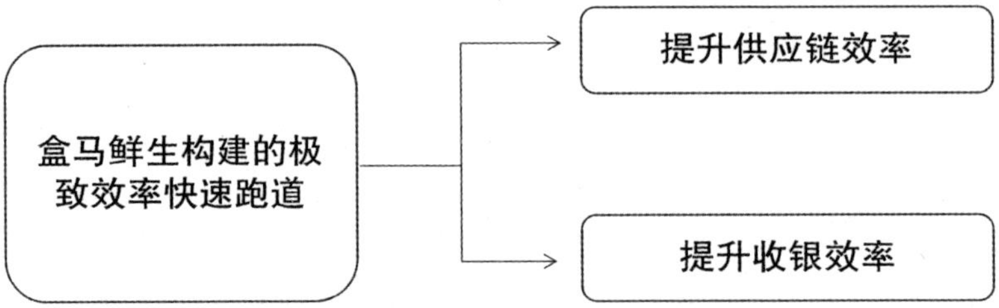

图5-1 盒马鲜生构建的极致效率快速跑道

首先，盒马鲜生最大限度地提升了供应链的效率。其针对消费者的需求，推出了10款“日日鲜”蔬菜，以绿叶蔬菜为主，但是这类蔬菜的保鲜难度极大，稍有不慎就会让绿叶蔬菜“风光不再”。为了保鲜，盒马鲜生从产地直采，全程冷链运输，经过精细加工包装后，运送到门店冷柜存储、销售。这样一来，盒马鲜生也就最大限度地提升了供应链效率，使得自身在同等成本条件下，能够为消费者提供最优质的蔬菜商品。

其次，盒马鲜生最大限度地提升了收银效率。收银效率高不高，会直接影响到消费者的购物体验。盒马鲜生将第三方支付方式作为主流甚至唯一收费方式，将目标消费群体锁定为年轻的、对生活品质有要求的“80后”和“90后”。这类消费者热衷于使用第三方支付，对盒马鲜生的这种支付方式有一种天然的亲近感。采用第三方支付方式，省去了找零、刷卡的麻烦，大大优化了消费者在盒马鲜生的购物体验。

5.1.2 极致的服务快速跑道

从本质上看，零售就是商品和服务的结合体，服务是零售的基本构成要素之一。打造极致的服务快速跑道，对于零售企业打造智慧零售模式是异常重要的。极致的服务要求零售企业在传统的常规服务基础上，向消费者提供超出预期的服务。

盒马鲜生最大限度地提升了服务的效率。盒马鲜生尽可能地对食材进行“先期加工”，一方面，保证了食材的品相，另一方面，大大减少了消费者买回家后的加工步骤和烹饪时间，从而大大优化了消费者的购物体验。另外，盒马鲜生结合消费者的各种生活场景，最大限度地提供半成品和成品。比如在上海，很多消费者喜欢喝罗宋汤，于是盒马鲜生便将制作罗宋汤的所有食材提前洗净、加工好，再配上做汤专用的番茄沙司料包。这样一来，消费者买回家之后，只要稍微处理下，用不了多长时间就能坐在餐桌前惬意地享受鲜美的罗宋汤了。盒马鲜生因此变身成了消费者的生活厨房，在大大方便消费者的同时，自身也成功融入消费者的生活中，成为他们不可或缺的一部分。

5.1.3 极致的体验快速跑道

对消费者而言，看到是一回事，摸到、品尝到、感受到又是另外一回事。从这个角度看，谁的体验做得好，消费者就会更倾向于将目光锁定谁，倾向于选择谁作为消费对象。所以，零售企业要做好体验，满足消费者越来越高的体验需求。当然，极致的体验快速跑道的构建并非一朝一夕可以完成的，需要零售企业不断探索，时刻提升。

亚马逊线下书店相较于其他书店，更能给予进店消费者极致的体验。采购上，亚马逊线下书店基于亚马逊官网上消费者的评价，商品的预购量、销售量、受欢迎程度做出评价，最终选择那些更有可能引起消费者兴趣的书籍。陈列上，和传统书店按照政治、经济、社会、文学、亲子教育等大类划分不同，亚马逊线下书店采用了更有意思和更多元化的分类方式。当消费者走进店门后，会惊讶地看到诸如“读者最喜欢的食谱”“评分在4.5以上的图书”“亚马逊网站上读者最想得到的书”之类的分类，这些真正着眼于消费者需求的类目为消费者带来了更愉悦的体验感。另外，亚马逊线下书店在书籍展示上也使消费者极具体验感，和传统书店为了节省空间只将书立置、书脊向外的做法不同，亚马逊线下书店在书架上展示书籍的封面，这样可以让图书的书名、作者等信息一目了然，大大强化了消费者对书籍的感知。

书籍下方除了展示价格等基本信息之外，还加入了更多有意思的内容，譬如读者对该书的总体评价，以及一些读者的反馈。这些信息不仅对于购书者十分有用，还丰富了消费体验，强化了线下和线上之间的关系，形成了相互联结（图5–2）。

图5-2 亚马逊线下书店图书展示

5.1.4 极致的产品快速通道

好的产品会说话，会向消费者传递零售企业内在的价值和文化理念、经营理念，等等。消费者认可了产品，其实就在一定程度上认同了零售企业；反之，假如消费者对产品嗤之以鼻，那么他们对零售企业的好感会大大降低。由此可见，零售企业必须要重视产品。

零售企业要做到“比最好再好一点，死磕产品品质”。死磕精神最重要的一个表现就是精益求精。品质没有终点，很多企业和商家在打磨产品的时候觉得自己差不多做到最好了，但实际上始终和完美存在着一定的距离。死磕产品品质，精益求精，不敷衍每一道使产品更具品质感的工序，产品才能最大限度地缩短和完美之间的距离，才会创造出让消费者惊叹的奇迹。

数寄屋桥次郎举世闻名，许多来自世界各地的食客慕名而来，只为品尝“寿司第一人”超过50年的寿司功夫。这家店从外观上看朴素无比，甚至有点寒酸，木栅栏后只有10个座位，厕所甚至在外面，尽管需提前一个月订位，一餐15分钟，人均消费数百美元（最低消费30000日元），吃过的人还是会感叹，这是“值得一生等待的寿司”。

老板小野二郎严谨、自律、精准、追求极致，坚信寿司品质没有终点。他永远以最高标准要求自己和学徒，通过观察客人的用餐状况微调寿司，确保客人享受到终极美味。为了保护制作寿司的双手，他在不工作时也戴着手套。他买最好的鱼，买最好的虾，买最好的米。从米的温度，到腌鱼的时间长短，再到按摩章鱼的力度，他都不断地进行改进，力求做到比最好再好一点。

5.1.5　极致的运营快速通道

要想让自身变得更加智慧，零售企业必须要构建一条极致的运营快速通道，将营销、传播、互动体验等有机地融合在一起，从而给予消费者一场前所未有的体验盛宴。

在中国手机行业创造了“小米奇迹”的雷军说过这样一句话：“极致的运营也是一种超凡的智慧。”在雷军看来，所谓极致运营精神，最主要的一个表现就是做好互动体验，将产品的特色深深地烙印在消费者心中。最初，小米将运营的重点锁定在“线上”，但是诸多实践后，雷军发现要想将运营推上巅峰，线下互动和体验是必不可少的。正是在这种运营思想的指导下，先前负责销售与维修的小米之家悄然转型为线下互动体验店，由过去的售卖服务转变为售卖一种生活方式。正是这种“线上营销+线下体验”的极致运营，使得小米快速获得广大消费者的认可。

5.1.6 极致的品类快速通道

对零售企业而言，极致的品类是一种强大的武器——自身品类越有吸引力，零售品牌就越有影响力和号召力。这样 一来，零售企业自然也就不缺客流，在消费者生活中也就不缺位置。

构建极致的品类快速通道，最有效的一种方法是做好单品，做出特色。对零售企业而言，将各个品类都打造成名牌是不可能的，只有将资源集中于一种或几种品类，做出特色，做到极致，才能让消费者感到零售企业在品类上的与众不同。比如，零售企业可在“生鲜”上做到极致，海鲜水产品类当日出水、当日销售；在“蔬菜”上做到极致，所有蔬菜当天采摘、当天销售；在馅料上做到极致，做馅的肉都源于当日宰杀的牲畜，完全手工切制，最大限度地保持食材的新鲜……这些具有个性和特色的品类才能快速地占领消费者市场，零售企业才会成为消费者在某种消费场景下的首选。

5.2 搬开智慧零售极致化的3块绊脚石

对想要变得更加智慧的零售企业而言，极致化道路并非一马平川。在极致化这条道路上，充满了各种荆棘和陷阱，零售企业稍不留神，就可能摔上一跤，抑或陷入泥潭。

智慧零售的极致化，是一种向更快、更高、更强方向发展的极致策略，它并非静止不变的，而是动态变化的。

在实现这一策略的道路上，存在着三大绊脚石，假如零售企业遇到了，就有可能跌得人仰马翻。零售企业在奔向极致化目标的道路上，要避开这些绊脚石，方能事半功倍。

5.2.1　第一块绊脚石：永无止境的低价

很多零售企业一直热衷于用低价吸引消费者，认为只有价格做到最低，才能像磁石一样永远吸引住消费者。这种极致化观点虽然有一定的合理性，意识到了低价对消费者的吸引力，但是忽视了这样一种潜在危险——当消费者眼中只有低价，并将其视为衡量零售企业是否具有吸引力的标准时，会使零售企业陷入困境。

沃尔玛对低价一直情有独钟，其创始人山姆·沃尔顿认为只有低价才能最大限度地吸引消费者。为此，他总是将商品以尽可能低的价格卖给消费者。但是如果你认为沃尔玛的低价单纯以牺牲毛利为代价，就大错特错了。有一段时间一个小镇的居民们非常流行玩呼啦圈，但是这种商品普遍售价不菲，为此山姆·沃尔顿找人生产制造呼啦圈的软管，然后自己制作呼啦圈，如此才得以以更低的价格出售商品。就这样，沃尔玛卖掉了成百上千个呼啦圈，小镇上的人几乎人手一个。

沃尔玛的低价策略其实是一种开发自有品牌的探索，其以低价起步，以低价获取竞争优势，但是低价并不意味着以减少利润为代价，沃尔玛从生产制造中获得了更大的话语权，获得了更大的利润空间（图5–3）。

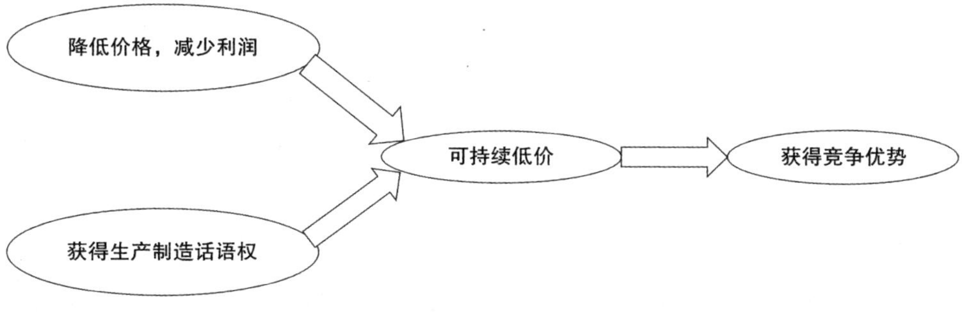

图5–3 沃尔玛低价可持续模式

可见，低价绝对不能以牺牲利润为代价，否则如同饮鸩止渴，终将会让零售企业陷入万劫不复的深渊。利润是零售企业发展的必要条件，要想走得更远，就必须保证利润。

5.2.2 第二块绊脚石：满足所有消费者的需求

对零售企业而言，最主要的使命就是满足消费者的需求，但是这其中暗含着一个陷阱——很多零售企业将满足消费者的需求理解为满足所有消费者的需求，认为只要最大限度地满足所有消费者的需求，就可以获得更大的市场份额。其实不然，对零售企业而言，自身就如同站在圆心处的人，总会将自己的背影留给一部分人，即使用尽全力，依然不可能同时面对所有的消费者。所以，没有一家零售企业能够满足所有消费者的需求，面面俱到，最终只会丢掉自身的个性和特色，失去目标消费者。

屈臣氏是全球最大保健品、美容产品零售商，也是香水、化妆品的主要零售商之一。准确的消费群体细分和目标市场选择是屈臣氏取得成功的重要原因。自1989年进入我国内地市场以来，直到1997年，屈臣氏的发展并不顺利。经过长期观察，分析市场动向，屈臣氏最终发现在日益同质化竞争的零售行业中，锁定目标客户并满足他们的需求是至关重要的。屈臣氏在调查中发现，亚洲女性会用更多的时间逛街购物，她们愿意投入大量的时间去寻找更便宜或者更好的产品。这显然和西方国家消费者的消费习惯不同。中国大陆女性平均在每个店里逗留的时间是20分钟，而在欧洲，女性在店内逗留的时间则只有5分钟左右。这种差异让屈臣氏最终将中国大陆的主要目标消费群体锁定为18~40岁的多金、时尚女性。屈臣氏认为这个年龄段的时尚女性是最富有挑战精神的。她们喜欢用最好的产品，寻求最新奇的体验，愿意在亲朋好友面前展示自己的个性。这个年龄段的女性更愿意花费金钱为自己带来改变，愿意进行各种新的尝试。40岁以上的女性则大多已经有了自己固定的生活方式了，再将她们设为目标客户，显然是错误的。

设定了目标消费群体后，屈臣氏有针对性地提出了“个人护理专家”的定位，以低价为吸引点，围绕“健康、美态、快乐”三大理念，通过为目标消费群体提供别出心裁的产品、良好的购物环境以及专业的资讯信息等来传达积极、美好的生活理念，成功地成为目标消费群体拥抱美丽、健康生活的首选。

可见，找到目标消费群体，并且有针对性地满足他们的需求，才是零售企业智慧的选择。而试图满足所有人的需求，其实就意味着零售企业根本没有摸准消费者的本质需求是什么，意味着零售企业没能找到与自身相匹配的目标消费群体。

所以，当零售企业试图满足所有消费者的需求时，极致也就变成了不可能完成的任务。一味走下去，只会让零售企业碰得头破血流。

5.2.3　第三块绊脚石：全品类取胜

很多零售企业希望能够覆盖所有品类，为消费者提供尽可能齐全的商品，成为行业的领头羊。但实现是残酷的，零售企业最终会发现在每个品类上平均发力，结果会是什么都有，什么都不专、不精，根本就入不了消费者的法眼。

智慧的零售企业往往会以一个品类作为切入点，形成自身的特色和优势，再在此基础上发展其他品类。

宜家家居围绕消费者的家居生活场景，以家居类产品为首选品类。近年来除了家居类产品外，宜家也在尝试经营食品。宜家采用了和家居类产品一致的“重品质，低价格”策略来经营食品。但是食品类产品没有成为宜家家居的经营重点，不管是在陈列位置还是商品品相上，都要弱于家居类产品。食品类产品的出现只是为了更好地提升消费者体验家居类产品时的愉悦感，它是“绿叶”，而非“红花”。宜家家居，就如同它的名字一样，是一家以家居类产品为经营重点的零售企业。

无印良品，相比于宜家家居，经营的品类要丰富得多，从家居用品、文具、食品、化妆品到服饰类商品等，覆盖了众多商品品类（图5-4）。但是其依然没有追求“绝对的全品类经营”，其对所经营的品类是没有红线的，从不涉及大家电、生鲜等。而且对于所涉猎的商品品类，无印良品也并非平均发力，而是根据消费者的需求有选择地进行开发、投入——开发的深浅度不同，有的做到了细致化分类，有的却仅有一两款产品。

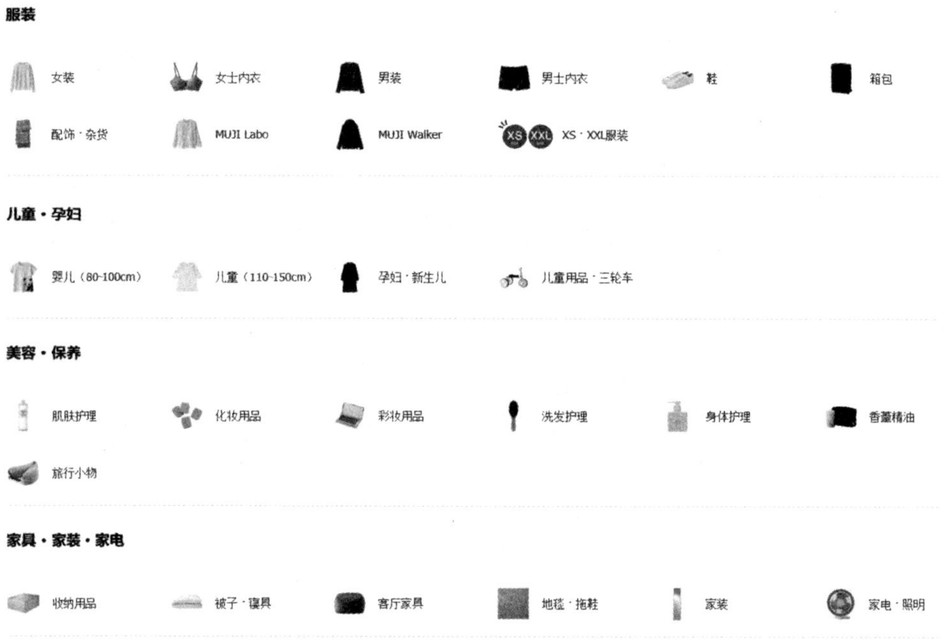

图5-4 无印良品经营的商品品类

可见，即使是标榜“全品类”经营的成功零售企业，其“全品类”也是存在红线的，并非面面俱到。因为盲目地追求全品类，不仅会让零售企业失去自身的经营定位和特色，还会带来更多的困扰。全品类经营意味着零售企业要降低坪效，因为总有一些品类不那么出色，抢占了优势品类的陈列面积；还意味着备足货源必须增加库存储备……总之，零售企业要想实现全品类经营，就必须要付出更多的资金、人力和陈列资源，且这些投入不一定能收到预期的效果。

站在消费者的视角看，零售企业的全品类经营会让消费者无所适从。消费者可以在零售店铺内买到商品，但却可能买不到心仪的商品，因为受到店铺面积、人员、资金等因素的限制，零售企业无法深入地将每个品类都做到最好。点到为止的经营状态，和消费者的期待存在着很大的差距。

5.3　极致单品方能让消费者尖叫

一个人，在某个方面有特长，诸如歌唱得好，舞跳得好，钢琴弹得好，会让人更容易记住，更易生出亲近之感。同样的道理，零售企业在某一单品上做出个性，做到极致，才会让消费者刮目相看，甚至尖叫，最终快速地获得消费者信任，成为消费者在某种场景下的首选。

5.3.1　专注研发，为产品注入辨识度

对零售企业而言，要想让产品在第一时间获得消费者的关注，引发消费者尖叫，成为市场的宠儿，前期的研发投入是必不可少的。聚焦于产品的各个环节，力求占领科技制高点，站在行业巅峰，做出个性和特色，这样零售企业做出来的单品才会“独孤求败”，才能在第一时间惊艳消费者，在其心中留下不可磨灭的印记。

（1）专注产品研发。在产品研发环节，零售企业需要专注、专注再专注。正所谓“万事皆不难，只要肯钻研”，只要我们能够静下心来专注研发，不断测试，完善改进，那么我们就能做出好的产品。特别是在当前机械化、智能化不断发展进步的大背景下，在各种信息以各种方式无时无刻不在吸引我们注意力的今天，专注似乎变得更加困难，同时也变得更为稀缺（图5-5）。

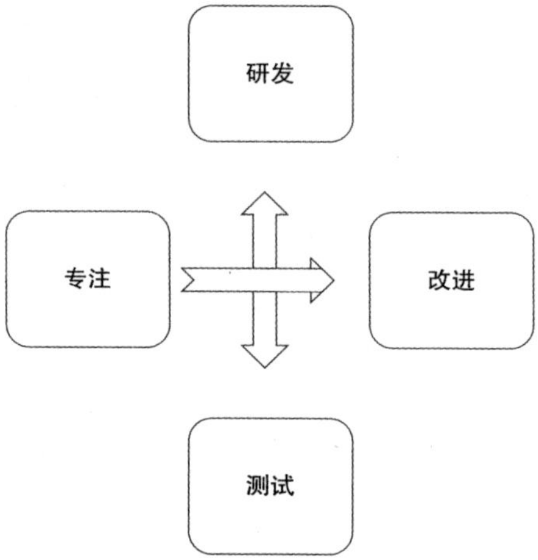

图5-5 专注的三个方向

（2）勇于创新。因循守旧、抱残守缺，只会让我们故步自封，作茧自缚。满足于现状，满足于过去所获得的成就，只会让我们裹足不前，失去创新的动力，丧失发展的前景，最终必然会被市场淘汰。凤凰冰箱、黄山电视机等老品牌现在已经难觅其踪，百雀羚却能够华丽转身，成为“国礼”走出国门，走向世界，这其中的原因就在于默默创新。所以我们要在研发的过程中勇于创新，敢于破旧立新、弃旧图新、与时俱进，只有抓住了“创新”这把钥匙，我们才能打开消费者的心门，博得消费者的爱意。

（3）为产品注入辨识度，让其与众不同。既然产品为王，那么我们就有必要在产品立项之前就行动起来，为产品植入爆品的因子，让其能够在“出生”之时就与众不同，获得消费者的厚爱。那么，我们如何在产品的开发和设计环节为其植入“特色”呢？其实答案很简单，我们要针对产品属性，和产品潜在消费人群的喜好，为产品注入辨识度，让产品与众不同，那么产品自然也就有了成为爆品的基因。

褚时健是当之无愧的爆品之王，不管是之前做烟还是后来卖橙子，都能够拿出让消费者尖叫的产品，将无数竞争对手“秒杀”。那么褚时健的成功秘籍到底是什么呢？褚时健的成功，其实重点还是在于其用工匠精神打磨出了充满辨识度的产品。

褚时健非常重视产品，在产品研发之初就考虑了营销因素，认为只有品牌和有特色的农产品才有成为爆品的可能。褚时健觉得市场上并不缺少农产品，只有让自己的橙子具备了辨识度，成为市场上的唯一，才能最终火爆起来。那么，农产品如何才能拥有辨识度呢？褚时健认为，农产品的辨识度不仅在于外包装上的与众不同，还体现在具有让消费者吃了一口就能够辨别出来的口味。褚时健决心为自己的橙子植入辨识度基因，为此在果树培育上下了很大的功夫——他改良了土壤的品质，发明了适合果树生长的混合农家肥，不断研究橙子的口感差异。

经过不断研究，褚时健最终发现了影响橙子辨识度的关键因素——酸甜度，最终找到了橙子酸甜度不佳的罪因——果树树形不佳，枝条过密。于是，褚时健便开始大规模地砍树和剪枝，最终让自己种植的橙子获得了最佳的酸甜度。

由此可见，在产品孕育环节植入爆品基因，让产品具有鲜明的辨识度，最终生产出的产品才会与众不同，获得消费者的厚爱。

5.3.2　让产品神秘起来

我们经常看到零售企业推出一款产品后，会迫不及待地将产品的各种信息告诉消费者，生怕消费者会错过自己的产品。但这样做真的好吗？

产品最大的魅力是能让人们有尽可能大的想象空间，一览无余地展示不仅不会为产品加分，相反还会使产品“掉价”。如同做广告，最好的广告是达到一种“不饱和状态”。所谓“不饱和状态”，就是话不说全、意不说透，给受众留下想象的空间。营销也是如此，要给产品制造神秘感，这样才能增加产品的附加值，产品才会有溢价的空间。

如何打造神秘感呢？我们看看那些经典的案例：可口可乐一直让人们追寻其

配方，苹果手机每次发布前都会“犹抱琵琶半遮面”，潘多拉珠宝会做让人似懂非懂的广告……

呷哺呷哺是一家非常有名的餐饮企业，其门店是都市人日常聚餐的常选场所。呷哺呷哺生意兴隆有其优质菜品的功劳，也有其宣传、营销的功劳。呷哺呷哺的营销非常具有创意，绝不仅仅以价位、菜品、服务质量取胜，还有很多新招、奇招，会使消费者产生不一样的体验。

比如，在2017年8月17日—8月20日，呷哺呷哺推出了创意十足的“虫草锅底”，内含虫草花、枸杞子、杭白菊、金银花、玫瑰花，这几味似药非药的草药混在一起，为消费者送上了初秋的滋补美味。

但呷哺呷哺认为他们为消费者奉上的这份滋养美味有些迟了，便发表了一篇呷哺呷哺致歉信——《对不起，我来晚了》。彼时，在呷哺呷哺的每一家实体店中，点餐单上和餐桌上都有这样一封致歉信，用以表达呷哺呷哺“以爱之名‘补’偿你！”。其时，恰逢我国“七夕节”，呷哺呷哺为消费者献上迟来的爱，给不离不弃的消费者送上歉意和感恩，相当于奉上了七夕礼物。

其实，我们发现，呷哺呷哺并没有什么错，根本不用致歉，转了一大圈，赚足了消费者的安慰与满意，只是为了更好地推出新创的“虫草锅底”。呷哺呷哺的目的达到了，其致歉信成功俘获了消费者的心，“虫草锅底”成为众多消费者的新选择。

成功的零售企业在为消费者提供货真价实产品的同时，会将自己的产品进行一番包装，让产品以更加炫目的品相呈现在消费者面前。这是非常棒的营销方式，一番“故弄玄虚”之后，产品的价值得到大幅度提升，消费者也能感受到零售企业带来的极致体验，得到更大的心理满足。

5.3.3 快速更迭，让产品魅力长久

不可否认的是，由于设计、生产等方面不可避免的因素的影响，产品在很多

时候距离最初的设想有很大的差距。这个时候零售企业就需要开启“快速迭代”模式，采取小步快跑的策略，通过不断改进、不断完善，推出新的产品，让自身产品在消费者心中留下一个不断进化的形象。这样一来，消费者就会对零售企业的产品更有信心，自然也就更愿意将钱花在零售企业身上。

2016财年，全球赢利能力最强的电商巨头阿里巴巴拥有3.6万名员工，他们共为阿里巴巴创造了427亿元的利润，平均每个人创造117万元。而零售企业7-11日本公司拥有8000多名员工，在2016财年人均创造利润116万元，已经和阿里巴巴处于同一水平。

7-11日本公司能够取得这样的成绩，最关键的一点在于其采取了“快速迭代，小步快跑”的产品策略。7-11总部推荐的商品SKU总数大约有4800种，单店销售约2900种，每周新品上架100种，商品年换手率约为70%。2016财年，7-11日本公司库存周转天数只有10.1天，一年周转36次，比亚马逊还要快。

7-11敢于试错，在经营过程中善于揣摩消费者的潜在需求，在此基础上推出新产品，不断满足消费者的实际需求。“假设、实践、验证”是7-11快速迭代的经验，其善于推测消费者在某种场景下的需求，然后有针对性地推出相应的产品验证这种假设，不断地满足客户，取悦客户（图5-6）。

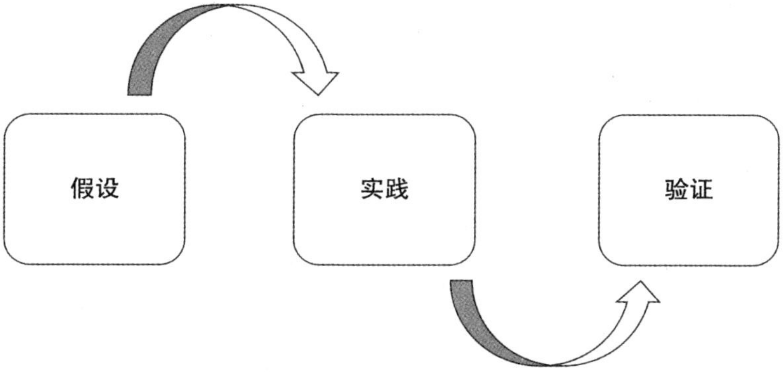

图5-6 试错三阶段

可见，快速推动产品迭代、勇于试错创新，对零售企业打造极致单品有着莫大的推动作用。那么，零售企业具体要从哪些方面进行产品迭代，从而俘获消费者芳心呢？

（1）产品功能升级。推动产品迭代，一个最主要的着力点是产品功能上的优化和进化。也就是说，零售企业可以采用微创新的方式，针对产品的核心功能进行持续创新，采用“小步快跑”式的产品研发策略，每隔一段时间就推出一款产品。这样我们的产品在消费者眼中才会变得越来越完美，才更具吸引力。

（2）产品品牌升级。除了针对产品功能进行快速迭代吸引消费者之外，零售企业还可以对品牌进行升级迭代，以取悦消费者，赢得消费者的信赖。我们可以从品牌的内涵、使命、品质等方面入手，针对消费者的具体需求进行有针对性的升级，从而让我们的品牌更适合消费者不断变化的消费需求。

总之，只有专注研发，做出个性，做出辨识度，不断更新迭代，我们的产品才会让消费者感受到不同，感受到魅力，消费者在惊艳于产品的同时，对我们的品牌也会更加信任。

5.4 让体验充满尖叫与快感

极致的零售离不开体验策划，只有通过用户体验，零售企业才能发现自身产品所具有的优势和不足，进而对产品的卖点进行有针对性的调整和优化，对产品细节进行相应完善。也就是说，一款好的产品，必然是能够带给用户极致体验的产品——让用户在体验过程中，在心理上收获满足感，在操作使用过程中得到享受，这样用户自然会觉得零售企业的产品好，品牌好。

5.4.1 不逼迫用户

在“互联网+”时代，消费者更加自由。对零售企业而言，在设计体验场景时，必须要充分尊重消费者，尽可能地避免强迫消费者做一些不愿意做的行为和动作。比如很多零售企业会强迫消费者进行升级和注册，强迫消费者使用某种APP，这些都是对消费者的不尊重，最终会在消费者心中留下一种体验感极差的印象。

赋予消费者尽可能多的选择权

聪明的零售企业从来不会为消费者做主，告诉消费者什么好，什么不好，什么可以选择，什么不可以选择，而是为消费者提供尽可能多的产品品类、购物渠道、支付选择以及服务，让消费者根据自身的个性、使用习惯等选择最适合自身的产品和服务。这样一来，丰富的选择所带来的消费自由，就会大大优化消费者对产品和服务的体验感，让消费者对产品更满意，从而打造出极致的场景体验感。

迎合消费者喜好

不逼迫消费者除了要增加产品品类、购物及支付渠道，以供消费者自由选择之外，零售企业还可以主动作为，根据消费者表现出来的喜好提供额外服务，举办更多的互动活动。这样一来，消费者就会收获更多的惊喜，必然会被强烈地吸引住，在头脑中自动忽略掉辨识、选择的环节。如此，对消费者而言，零售企业必然会成为其购买产品抑或服务时的第一选择。

5.4.2 不要让消费者费脑筋

零售企业在打造体验场景的时候，必须要时刻谨记：不要让消费者费脑筋，场景必须简单、简单再简单。

那么，零售企业如何才能保证消费者在场景体验中不费脑筋呢？

删除

所谓“删除”，就是指零售企业在设计场景时，要将关注点聚集在场景的核心功能上，砍掉那些残缺的、华而不实的、可有可无的功能，这样才能让消费者在体验场景的时候一眼就能发现亮点，直奔主题，场景在消费者眼中自然也就更有印象和价值了。

组织

所谓“组织”，是指零售企业在进行场景设计时，要进行综合考虑，力求将感动消费者的因素糅合成一个简洁的整体，从而让消费者在接触场景时留下良好的第一印象。也就是说，零售企业在设计场景的时候，需要组织、布局好场景，以取得最好的表达效果和交互效果，还要在场景的功能设计上考虑层次布局。

隐藏

所谓“隐藏”，是指零售企业在设计场景时，要将那些不常用又不能少的功能隐藏起来，将最主要的功能放置于最优先的位置上。零售企业可以通过采用消费者自定义设置、渐进展示、阶段展示等策略，让消费者轻而易举地找到自己想要的场景功能，大大简化消费者对场景的认知难度，继而优化他们对场景的体验感。

转移

所谓“转移”，是指零售企业在设计场景的时候要考虑消费者擅长做什么，不擅长做什么，以此为依据转移相应的场景功能。零售企业可以将消费者不擅长做的或者不必要做的功能转移到别处，或者用其他系统代替，以达到简化设计，让消费者拥有一个极简、自然、舒畅的场景体验过程的目的。

5.4.3 不违背用户习惯

人们在生活和工作中，总是存在着这样抑或那样的习惯。这些习惯深刻地影响着人们生活和工作的方方面面。所以，对零售企业而言，一定要明白习惯对人们生活和工作的“绑架”——很多时候，人们会按照已经形成的习惯日复一日地重复着相同的事情。假如有什么因素影响到人们做习惯性的事情，那么人们就会觉得很不自在，会下意识地对那些影响因素产生排斥情绪，甚至出现攻击性行为。可见，不改变消费者的习惯，避免消费者产生抵触情绪，是零售企业在打造极致体验过程中必须遵守的铁律。

不改变消费者的使用习惯

对绝大多数消费者而言，一旦养成了某种使用习惯，要想改变这种习惯就会变得比较困难。比如，对于一个喜欢用左手操作手机的人，假如强制要求他使用右手进行操作，那么这个人一定会觉得这是在难为他，其改用右手操作的效率也会大打折扣。因此，零售企业要想获得较高的消费者体验满意度，那么在设计场景时，就必须遵循目标消费人群的使用习惯，最大限度地让他们吃得习惯，用得习惯，逛起来习惯……

不改变消费者的视觉习惯

在某种意义上，在人的感官中，人们对视觉最为依赖，也最为信任。正所谓“百闻不如一见”，相对于听觉，视觉在人们认知世界的过程中有着巨大的作用。因此，零售企业在设计体验场景时，要特别注意人们的视觉习惯，力求让场景顺应人们的视觉感官，让消费者看起来顺眼，甚至惊艳。如此，场景才能让消费者在体验时满意度爆棚，最终感受到极致的愉悦。

小步快跑，循序渐进

假如零售企业不想一次做出激烈的、大幅度的改变，那么最明智的做法就是采用“小步快跑”的方式，通过一次次对产品或者服务进行局部调整，渐进式地完成整体上的变革。这样一来，零售企业可以在消费者感知不明显、不违背他们使用习惯的基础上完成产品和服务的升级改造，让自身产品和服务更好地适应消费者。

5.5 领先才能实现极致

物美集团首席运营官于剑波在接受采访时曾经说过这样的话："永远觉得自己做得不够好，还能做得更好！"对零售企业而言，在极致化这条道路上，永远没有最好，只有更好。只有不断地提升，不断地迭代，不断地革新，零售企业才能跟上消费者快速升级的消费需求。

零售企业对极致化的追求，意味着其必须在某一方面做出特色，做到最好，最终确立领先地位，占领消费者市场。领先往往会在消费者心中留下深刻的印象，让消费者在第一时间锁定你。

5.5.1 商品领先

对零售企业而言，商品是灵魂，毕竟消费者的关注点最终要回归到商品上。那么，零售企业如何才能让自身商品保持领先呢？最有效的一种方法是开发自有品牌，这样可以让零售企业保持商品的独有性，保持差异化，迅速在某个细分领域占领领先地位。

名创优品、无印良品、宜家家居等都因为商品具有独家性和差异化而保持领先的优势。消费者需要其商品，需要到其零售店才能买到。这些品牌的共性是零售企业从头到尾参与了商品的设计、生产、销售，保持了各自商品的独立性。

在现今商品同质化越来越严重的大背景下，零售商保持自身商品的差异性是一件非常困难的事情。如何才能走出自己的路呢？对零售企业而言，要想解决这个问题，必须首先找到目标消费者，因为消费者才是零售的核心。找到了目标消费者，就意味着找到了差异化的商品——根据目标消费者的喜好，陈列和他们需求相匹配的商品，必然会增大目标消费者店内消费的概率。同时，零售企业也要引进个性化、特色化的商品，以此提升自身品牌的辨识度，为自己贴上差异化的标签，这样才能在消费者心中变得更加出色。

5.5.2　运营领先

运营做得好，消费者感受到极致的概率才会变大。比如在胖东来，营业时间快结束的时候，员工会将冰鲜台从里到外全部擦拭一遍，甚至连下面的导管都不放过，每天如此。这样的运营管理必然会让消费者对胖东来生出更浓厚的信任感。

对零售企业而言，运营企业像操作一部机器，正确地操作它，能够让工作变得更加高效，更具品质。传统零售模式对商场运营的要求相对单一，但是在大数据时代，零售企业的运营被赋予了更多的内容，这对零售企业提出了更具智慧的要求。为此，零售企业需要打造一套完善的运营体系，要在后台构建集数字化、智能化为一体的平台，如此，才能让消费者产生多场景购物享受。

摩拜单车是共享经济大潮中的一颗明星。借助高效、优质的运营体系，摩拜单车实现了“让用户更满意地出行”。为了优化消费者体验，摩拜单车更新了传动系统，同等路程省力30%以上，一改初代单车难骑的状况。另外，摩拜单车还配备了高度可调节车座，让不同身高的消费者都能找到一个最适合的骑行高度。这些措施让消费者的骑行更加舒适，从而获得了消费者的一致好评，从而使摩拜单车在行业中取得了领先优势。

5.5.3　业态领先

当前，大部分零售企业在业态上处于一种比较稳定的状态。在互联网大潮的冲击下，一些零售企业开始尝试新业态，构建更加丰富的零售商业形态。这些新业态的出现，带给了消费者更加新奇的体验，吸引了更多消费者的关注。

传统零售企业往往喜欢大而全，因为空间越大，所能承载的商品品类越多，对消费者的吸引力就越大。但是随着社会生产效率的不断提升以及消费者消费习惯的转变，消费者对大而全的需求开始下降，而对便利、快捷、品质更为看重。在这种大背景下，便利店作为零售终端的代表，越来越受到消费者的关注和喜爱。

世界领先的商超品牌家乐福开了自己的便利店“Easy家乐福”，永辉则开了

"YH会员店"，大润发也在考虑开设小型业态实体店……这些店铺的面积都在200平方米左右，能够满足消费者对便捷性、品质化的需求。

小业态能够成为当前零售行业发展的热门，一个最主要的原因在于其能够大大降低消费者的时间成本。另外，小业态的经营非常灵活，能从多方面满足消费者的需求，让大家觉得更有亲近感，更具信任感。

第6章

“心”的智慧，塑造有温情的零售形象

智慧零售的竞争力还体现在用心上，它能够精准地抓住目标消费群体的心理和情感需求，有针对性地“暖心”“愉心”，从而最大限度地提升自身品牌的情感温度。零售企业在消费者心中有了温度，对消费者的吸引力自然就会变强。

6.1 搞懂女人心，零售企业才会更成功

女性对于购物总是有着某种欲望。尽管并非所有女性都爱购物，但是经过多方调查，发现大多数女性都爱购物。

欧洲有句古谚语：“把东西卖给有钱、有需求的人。”有趣的是，如今，有钱又有需求的人，往往是女人。这是为什么呢?

有关心理学家做了相关研究后发现，现代女性普遍开始经济独立，而且在家庭购物支配中，也往往“大权在握”，因此对女人“有钱有势”的形容是非常恰当的。英国一家时尚杂志调查发现，女人每5秒钟就会产生一次购物欲望。

纵观一些大卖场、服装店、奢侈品店、甜品店、咖啡馆等，进进出出的消费者中，女性占了一多半。在香港的旺角通菜街，有一条街道专门为女人购物而建，人称香港女人街。女人街共分四段，早年以销售女性用品为主，聚集了大量女性消费者。而今的女人街已成为香港最有名的购物街之一，也是外地游客到香港旅游时的必去之处。由此可见女性消费者的消费欲望和能力之强。

所以说，懂女人心的零售企业才更懂得如何引进产品，如何进行营销。零售企业可以拿女人的情怀做文章，女人往往比较细腻且感性，爱情、浪漫、时尚、唯美、小资等都是女人的情怀，拿这些情怀做文章，零售企业想不成功都难。

6.1.1 浪漫爱情的情怀是女性消费者的软肋

抓住女性消费者的情怀，就等于抓住了她们的钱包。浪漫爱情是女性消费者的第一软肋。因此，零售企业要根据自身特色，为女性消费者营造出浪漫的情怀，引导她们更加愉悦地消费。

Darry Ring是一个专注于求婚钻戒以及传播浪漫真爱文化的珠宝品牌，隶属于香港戴瑞珠宝集团有限公司。该品牌致力于为每对恋人提供至臻完美的钻石戒指。2010年，Darry Ring正式进驻内地；2012年5月，开始以“一生仅一枚”诠释“一生・唯一・真爱”的情怀。Darry Ring现已成为珠宝行业中极具浪漫色彩的求婚钻戒品牌。这对女性消费者而言，无疑具有莫大的吸引力。

2015年2月1日，Darry Ring在上海红坊开设旗舰店。之所以选择红坊，是因为红坊是一个混合着上海人集体记忆和梦想的地方。五十多年前，这里曾是上海钢铁十厂。而今这里注入了时尚、艺术、创意的新鲜血液，成为新的浪漫圣地，成为国际文化时尚社区。上海发生过无数的传奇爱情故事，阮玲玉、陆小曼、张爱玲等的传奇故事在这里广为流传，她们的爱情就像一枚传世钻石一般“不老”“经典”。

该旗舰店是Darry Ring品牌最大的旗舰店，占地500多平方米，由国际顶尖设计大师、恩爱伉俪罗灵杰和龙慧祺倾情打造，这为他们的爱情增添了更多的美好。

该实体店开业不久就是情人节。很多男性消费者为了给爱人一份期许和美好的承诺，特意选择在情人节期间光临Darry Ring购买钻戒。

事实上，Darry Ring的成功，就是因为它契合了女性消费者的心理需求，营造了浪漫爱情的氛围，使女性消费者产生了美好的向往和憧憬。

6.1.2 给女性消费者关怀

零售企业一定要注意，女性购物时是非常敏感的，无论在哪方面，都非常敏感，尤其是在一些细节上。我们一定要在营造情怀的基础上，给女性消费者送上温暖的关怀，让她们感受到零售企业的真情实意。

例如，在卫生方面，零售企业一定要重视细节，任何瑕疵都可能终止女性消费者消费，甚至会让女性消费者生出“再也不进这家店”的厌恶。

当然，诸如店内的音乐风格、服务人员的讲话水平这类的细节，零售企业也必须重视，因为这关乎着女性消费者的购物心理和情怀是否能得到满足。所以，零售企业要懂女人心，更要关怀女人（图6–1）。

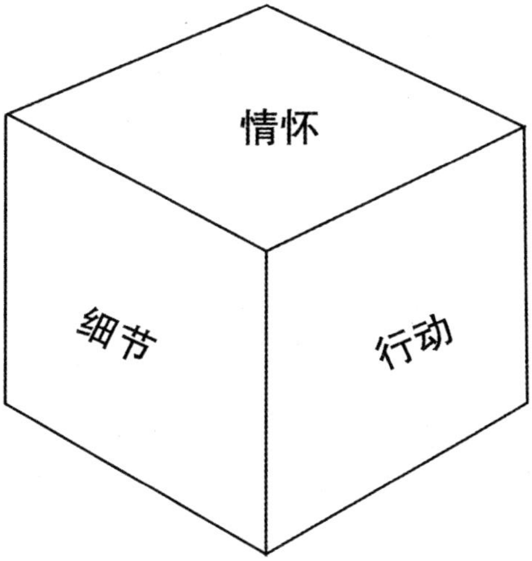

图6–1 让女性消费者感受到关怀的三个方面

在情怀上赢得女人心

女性往往比较感性，感性容易衍生出情怀，所以零售企业在经营过程中需要最大限度地营造情怀，渲染情怀。我们可以为产品品牌注入情怀，打造让女性消费者动心的品牌形象；可以讲一个浪漫的故事，让产品化身为女性的“白马王子”……

做好细节

女性在购物时往往比较敏感，尤其是在一些细节上，所以零售企业一定要在传达某种情怀的基础上为女性消费者送上温暖的关怀，让她们感受到我们的用心。比如，我们可以在店内卫生方面做到极致，打造干净的购物环境，消灭卫生死角；在产品包装上做文章，有时候产品包装不尽人如意，也会导致整个交易前功尽弃。一般而言，我们可以选择粉色、淡蓝色等温馨、干净的颜色作为包装颜色，选择讨喜一些的造型，诸如心形的包装盒、蝴蝶结装饰盒等，这些都能赢取女性消费者的好感。

做好女性节日活动

随着社会经济的不断发展，越来越多的女性走上了社会舞台，撑起了半边天。随着女性的崛起，社会上和女性有关的节日越来越受重视，成为赞美、歌颂女性伟大的重要载体。要想抓住女人心，零售企业不妨从这些女性节日上入手，开展一些走心的活动，诸如文艺汇演、送小礼物送祝福，等等。这样的活动会很好地展现出我们对女性的尊重，会让我们进一步赢得女性消费群体的好感和信任。

6.2 年轻的心态，是零售企业和消费者情感共鸣的载体

对于零售企业，要想以情怀动人，需要行动起来，让消费者参与到某种活动或者融入某一场景中感受情怀。

年轻的心态是朝气蓬勃、青春激昂的心态。一个具有年轻心态的零售企业，能够最大限度地吸引消费者的眼球，激发大家的参与感。

6.2.1 潮味儿十足，吸引年轻人消费

不管是老字号还是新物种，零售企业必须重视年轻消费群体——他们多金，消费意愿强烈。年轻人最喜欢什么？最崇尚什么？是潮流、前卫。因此，零售企业要推出一些年轻人喜欢的产品，搞一些吸引年轻人参与的营销活动，这样才容易吸引他们消费。

必胜客就非常善于吸引年轻消费群体。2017年10月中旬，必胜客推出了“玩咖潮人必点！必胜客万圣节特权大FUN放送”活动。一年一度的万圣节到来前，必胜客为了吸引年轻人，请来了一群神秘的朋友，他们就是妙趣横生的“M&M’s”豆人。借助万圣节这个属于年轻人的搞怪节日，必胜客首次推出了万圣节限时特供新品——南瓜精灵饮和幽灵巫婆指。

很多城市的必胜客主题餐厅还推出了高科技的“双屏互动”装置，人们在现场可以与“M&M’s”豆人一起竞赛。能歌善舞的青年男女，都可以参加这样潮味儿十足的活动，体验必胜客带来的青春飞扬的感受。

6.2.2　好玩的就是年轻的

要想勾起年轻消费群体的好奇心，零售企业要将年轻心态发挥到极致。什么样的事物是年轻的？好玩的就是年轻的，就能吸引人。

2017年夏天，统一冰红茶在北京通州区的万达广场开展了这样一个活动——“统一冰红茶，青春无极限，变身二次元！”这是一个非常有趣味且吸引年轻人参与的活动。消费者只需要购买一瓶统一冰红茶，即可以通过实时影像捕捉互动装置一秒变身为二次元形象，和画面中的冰红茶明星代言人共舞。消费者将共舞照片上传到微博，就有机会抽取明星见面会门票。

事实上，年轻人前来参与的主要原因并非为了获得明星见面会门票，更多人是受到了该活动本身的吸引。在巨大的场地中，工作人员用冰红茶搭建了一条长达十几米的巨幕，在巨幕前设置了数个摄像头。消费者只要站在巨幕前，就能被面前的摄像头拍下，上传到巨幕上，但出现在巨幕上的是消费者身处二次元漫画中的场景。这种方式不但新颖，而且非常好玩。年轻人可以在巨幕前不断变换造型，然后拍照上传到微博、微信上，博得朋友们的关注。

这种好玩又有趣的方式，着实大受年轻人欢迎。统一冰红茶这一活动做得十分成功。

6.2.3 发起激情挑战，激发年轻人的热血情怀

年轻人的心态是激情澎湃的，零售企业要想带动年轻消费者消费，发起激情挑战是一种不错的方法（图6–2）。

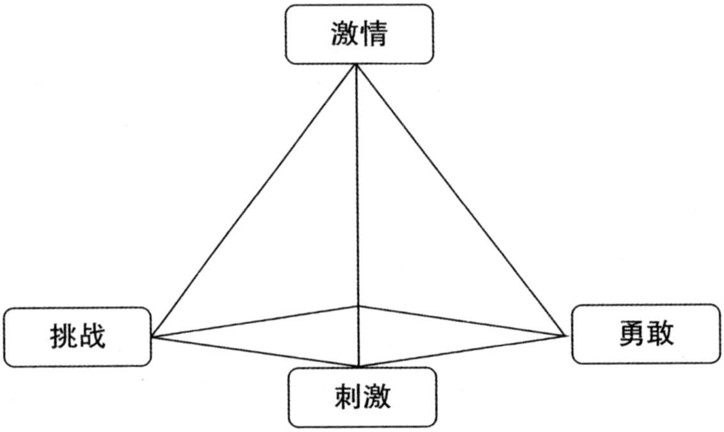

图6–2 年轻人的激情

梅赛德斯–奔驰汽车就洞悉了年轻人的这种敢于挑战、乐于挑战的心态，开展了“驾驭改变·运动激情”的活动。这是一场集年轻人的运动激情和挑战于一体的活动，最新的集合多款智能配置于一身的奔驰C级轿车也激发了年轻人的运动激情，将“驾驭改变”的精神做了完美的呈现，让年轻人的情怀一触即发。

活动吸引了大量年轻人参与，同时，奔驰新款C级轿车的销售和预订量也有了大幅提升。

6.3 “三试”让零售企业更有人情味

“三试”就是试吃、试穿、试用。对零售企业而言，“三试”是赢得消费者青睐的法宝。

在超市的食品区域，我们经常会看到有服务人员拿着一小盘最新上市的食物给消费者享用。这是一个试吃环节，消费者可以在购物时停下来，拿起一小块品尝一下，如果觉得好吃，口味不错，那么就可以当场购买。当然，如果觉得不合口味，消费者也可以直接当一个“过路人”。这样的方式，自然吸引了不少消费者上前品尝。

在一些面包店、甜品店中也是如此，面点师在推出一款面包或者蛋糕时，也会拿一些样品放在柜台上，请消费者品尝。

试穿，自然是指消费者在购买衣物前，先去试衣间试穿，从而知道挑选的衣物是不是合身。经过几次试穿，消费者总能找到合身、好看的衣物。

试用，对生活家电、健身器材等店铺非常适用。比如在健身器材店铺，消费者可以在店内试用器材，经过对比，最终选出适合自己的健身器材。

6.3.1 用免费思维抓住消费者的心

“三试”本质上应用的是免费思维。在人的心理层面上，“免费”无疑是一种莫大的诱惑。

试想一下，不用花费一分钱就能享用某种产品或服务，消费者怦然心动的概率会不会更高？“免费”的作用主要有三：第一，激发消费者的参与感，提升零售企业的人气，吸引更多的人走进店门；第二，引导消费者体验产品的功能，聚焦产品的特色，提升他们对产品的亲近感和信任度；第三，在试用过程中，零售企业通过优质的服务进一步拉近和消费者间的关系，从而建立起良好的互动，推动他们分享（图6–3）。

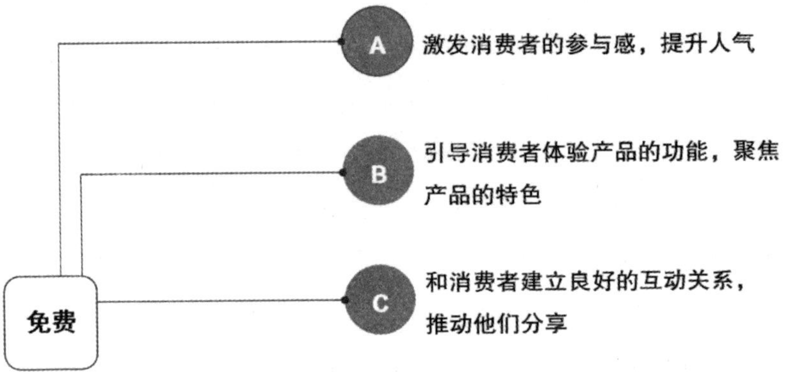

图6-3 “免费”的作用

大家都有过买西瓜的经历。两个人在卖西瓜，一个卖西瓜的人在大声地吆喝：“快来看，快来买，我的西瓜不甜不要钱！买回去之后吃一口不甜，您也可以退给我。”另一个卖西瓜的人并没有夸自己的西瓜如何甜，而是将西瓜切开，递给我们一角，让我们先尝一下，甜的话再买。这个时候我们会选择买哪个人的西瓜？相信大部分人都会选择买第二个人的，因为既能看到西瓜新鲜的样子，又能品尝到它的味道，我们对西瓜口味的体验更加深刻。

这两种卖瓜方式中，第一种比较传统，西瓜完整地摆放在那里，老板只是通过语言告诉我们他的西瓜味道很甜；第二种则邀请我们试吃，让我们参与其中，这时我们会从色泽、口感上真实地感受到西瓜的品质，这样我们就会更容易产生将它抱回家的意愿。

蒙牛最初进入深圳市场的时候，全市的零售门店，不管是大的百货公司还是小的超市，几乎没人购买。原因很简单，因为大家对蒙牛的了解很少，人们对了解不多的商品通常会产生隔阂感，不会花钱轻易尝试。为了走出这种困境，蒙牛便从小区居民入手，采用免费品尝的方式邀请居民体验。最初，很多人都抱着“不要钱，尝一尝”的心理喝了一口，觉得这种牛奶和别的品牌的牛奶真不一样，味道是那么浓、那么香、那么纯。之后大家便开始掏腰包购买，开始在小超市购买，最后去大卖场整箱整箱搬回家。

可以想象一下，假如蒙牛将产品摆在大卖场，每天放着广告告诉消费者“我们来自天然牧场，我们的牛奶和别人的不一样”，那么不管蒙牛将自己的产品夸得如何香甜，消费者也不会清晰地感受到。而当消费者通过免费品尝亲身感受之后，就会真实感受到牛奶的香甜、浓郁，就会真正喜欢上这个品牌。

很多时候，消费者不购买我们的产品，并不是因为我们的产品不好，也不是因为他们不需要。消费者不买，主要出于两个方面的原因：第一，消费者不了解我们的产品，不了解我们的产品能够为他们带来什么好处、何种价值；第二，消费者不信任我们的产品，我们宣传自己的产品如何好，品质如何高，他们虽然表面上不说什么，但是心里会怀疑。通过“三试”，零售企业可以让消费者亲身体验产品，感受到产品的核心卖点，这样一来，消费者就会对产品有更加深刻的了解，就会知道我们讲的是真实的。

基于此，零售企业要善于利用“三试”来打动消费者，提升他们的消费体验感，让消费者能够更加真切地感受到我们的产品品质和个性，更直观地体验到我们产品的核心卖点。

邀请消费者试用

免费试用的核心是邀请消费者亲身体验产品，通过免费试吃、试穿、试用等形式，让消费者零距离地接触零售企业的产品，更加深刻地了解产品功能、特色以及个性。这样一来，消费者对产品品牌的好感才会提升，才会更愿意购买我们的产品。

很多人买袜子时总会担心袜子的质量不好，因为之前买的很多袜子买回来没穿几天就脱线了，破了一个大洞。有个人坐火车出差，看到一个推销员提着一篮子袜子叫卖着。那个推销员很有意思，把袜子拿到他面前，手拿一个铁钉子，对他说这是一双“怎么穿都穿不破的袜子”。他听了觉得这话很不靠谱，袜子怎么会“怎么穿都穿不破”呢？接着那个推销员将钉子递给他，说：“不信你拿钉子划划，划破了也没关系。”他就拿着钉子去划，反正划破了也不用负责，结果怎么划都没有划破。他觉得这袜子质量不错，立即掏钱买了两双。这应用的就是“免费试用”的营销策略，邀请他参与其中，自己得出“袜子质量不错”的结论，最终促成购买行为。

用免费信息制造话题

除了邀请消费者“免费试用”之外，零售企业还可向消费者提供免费信息，以在消费群体中制造热门话题，推动他们进行分享。生活中，我们经常会收到一些免费信息，里面有我们感兴趣的，也有我们所厌恶的。从消费者的角度来看，他们不了解某些产品的性能，对这类陌生的产品，他们一般不愿意付费购买。在这种情况下，免费信息会起到“窗口”的作用，它能够使我们的产品顺利地进入消费者的视野，增加他们对产品的了解。

为了引发消费者关注，最大限度地提高自身产品信息的传播范围，零售企业不妨尝试一下这种传播方式。但是零售企业在运用这种传播方式时，必须注意的一点是，现在很多人对垃圾信息有极强的抵触情绪，在用免费信息制造话题时，零售企业必须要最大限度地减少对消费者的骚扰。

6.3.2 向消费者提供实物体验

不管是试吃、试穿还是试用，零售企业都需要秉持“以实相待”的原则，向消费者提供实物体验。消费者在购物时，会在店内观摩、触摸、试用产品，再决定购买与否。如此，他们才会放心购买，毕竟眼见为实。零售企业要想做好“三试”，就必须向消费者提供实物体验。

成立于1994年的百强家具，秉持“追求梦想，对话世界”的理念，已经成为中国家具行业的领军企业。“百强家具，真的很德国。”百强家具的技术源自德国，在很多忠实客户的印象中，先进的技术是百强家具的招牌和品质保障。百强家具旗下有七个系列的产品，这些产品均以精益求精的品质，赢得了消费者的信赖。

在零售方面，百强家具有自己的零售店铺，并取得了不俗的成绩——凭借着向消费者提供实物体验的方式打败了天猫、京东等电商平台上的家具品牌，将试用做到了极致。

进入百强家具店内，消费者首先会被店内的软装设计和陈设感染、吸引。的确，在一个几百平方米的店内，企业为进店的消费者打造了一个兼具复古、时尚、艺术感的空间。

此外，消费者可以触摸产品，可以坐在纯实木的椅子上体验。纯实木家具的质感，客户可以在现场体验。

同时，现场的服务人员还会给客户讲解很多纯实木家具的优点以及百强家具的特点。

体验之后，消费者能当场决定是否购买，购买后也不会后悔。

6.4 感动是一种舍不得离开的体验

兵法有云：攻心为上，攻城为下。对我们而言，只有得到了消费者的心，消费者才会将我们当作最真诚的朋友，将我们视为生活中不可或缺的一部分。如此，我们的生意才会长久，身边的朋友才会越来越多。一个祝福短信、一句电话问候，都会让消费者感到温暖，从而对我们产生一种难以割舍的情怀。

实体店要想战胜电商，最关键的一点就是"抓住消费者的心"。这就意味着我也必须从"围绕商品的战斗"转向"围绕感觉的战斗"。我们要通过提供贴心的服务，走进消费者的心中，最终让消费者感动，继而对我们产生一种深刻的好感、一种难以磨灭的忠诚感。

6.4.1提供走心的产品和服务

对零售企业而言，要想感动消费者，做好产品和服务是最基本的也是最重要的一点。我们需要创新产品，提升服务水平，使其最大限度地契合消费者的需求，超越消费者的预期，愉悦消费者的内心。也就是说，我们的产品和服务要“走心”，要用心，零售企业要善于换位思考，要习惯站在消费者的立场上提供产品和服务，处处为消费者着想，处处透露出服务消费者、愉悦消费者的信息。更重要的是，零售企业要做好细节，要善于用细节去温暖消费者的心，如此，才能让消费者感动、铭记（图6–4）。

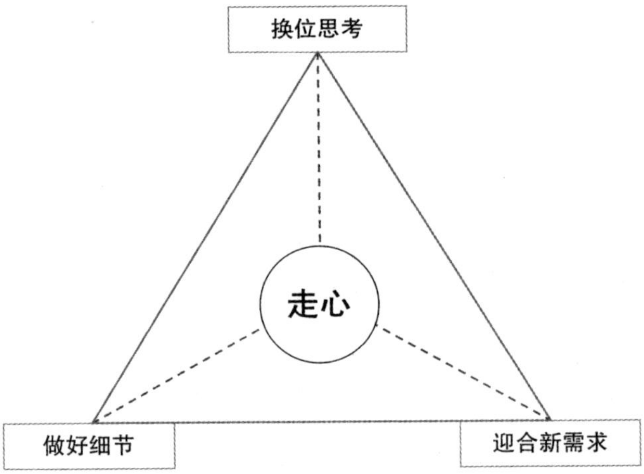

图6–4 走心的三个表现

央视著名主持人崔志刚曾叙述过一段在广州出差时的经历：“在广州一家茶餐厅点了份简单、便宜的烧鸭饭，服务员首先给端上了两个杯子，一杯是喝的热水（在某些大城市反复要也不给或声称没有免费水，必须花钱点茶），另一杯水里烫着筷子、勺子（讲究卫生、朴实无华的贴心关怀，胜过那种收费的包装好的“消毒筷”）。细节很小，但让人感觉很舒服！”相关图片见图6–5。

图6-5 崔志刚赞赏茶餐厅服务走心

崔志刚之所以对这家茶餐厅推崇备至，就在于其在服务上走心，能够在细节上体现对消费者的关心，展现出服务消费者的诚心。

6.4.2 推动情感上的交流和共鸣

人是有情感的，要想让消费者感动，情感上的交流是必不可少的。零售企业可以借助QQ群、微信群等将消费者聚集在一起，经常进行互动；可以定期组织一些线下活动，诸如品尝会、试用会、培训课等，在面对面的交流中培养情感；可以时常赠送一些小礼物，抑或在价格上做一些让利，以“人情”换“感情”……总之，通过情感上的交流，引发消费者的共鸣，零售企业才能让消费者感动、难忘。

在日本东京都涩谷区有这样一家餐厅，它藏身于一栋摩天大楼内，被大家称为“奇迹餐厅”。这家“奇迹餐厅”掌握着15万名以上消费者的详细信息，包括消费者爱犬的名字、性别、年龄，消费者喜欢旅游还是宅在家里，消费者的初恋……这家餐厅的预订接待员“啰唆”得要命，消费者预订电话的通话时长有时候甚至超过1个小时。除了上面提到的消费者个人喜好之外，预订接待员还会在电话一端甜甜地问你：为什么预订？哪一位是主宾？有几位随行？每一位的性别和姓名是什么？还一些连你自己都觉得不可思议的细节问题。

一位消费者为了纪念和妻子的结婚纪念日，打电话给“奇迹餐厅”预订座位，对话如下。

消费者：喂，您好，我想预订下个月18日的两个位子。

预订接待员：您好，请问您预约的目的是什么？

消费者：为了庆祝结婚纪念日。

预订接待员：请问您和您妻子结婚几周年了？

消费者：几年来着？我想想，应该是第8年。

预订接待员：请问您和您妻子的婚礼是在什么地方举行的？

消费者：哦，是在新宿的一家酒店。

预订接待员：您和您妻子有没有最难忘的约会地点？

消费者：哦，这个问题难倒我了。我记得我们第一次约会的地方是横滨的唐人街，求婚的地方是东京的水族馆，最难忘的应该是新婚旅行去的地方了，是中国的上海。

预订接待员：请问您妻子出生在什么地方？

消费者：这个也要问吗？

……

消费者预订的意向确定之后，餐厅会立即展开行动，为消费者准备“感动得流泪的极致服务”。在每天营业之前，餐厅店长、店员至少要开上2个小时的会议，对预订接待员记录下来的消费者信息逐条进行分析，查漏补缺，确保充分了解当天进店消费者的喜好，给消费者提供超越期待的惊喜。

所以，进入这家餐厅的消费者便有了一次次人生难忘的瞬间：有的消费者在用餐的时候看到了印有自己名字的手工缝制的手绢，有的消费者在点餐的时候某一道菜被服务员建议换成另一道，有的消费者则突然看到面前咖啡杯里面用奶油手绘的和爱人第一次约会的日期或者地点，有的消费者则在生日当天收到了店员送出的鲜花和祝福……这样的感动让消费者尖叫，甚至流下了幸福的泪水。

6.4.3 用惊喜撬开消费者心门

当惊喜突然降临的时候，那种意想不到的感动往往会在人的内心深处留下不可磨灭的印记。零售企业可以在实际经营过程中秉持“惊喜思维”，善于从消费者诸多信息中发现潜在的“惊喜点”，善于从消费者的喜好入手取悦他们，比如赠送小礼物。这样一来，我们才能制造出惊喜，才会一步步地在消费内心中烙印下不可磨灭的情感印记（图6–6）。

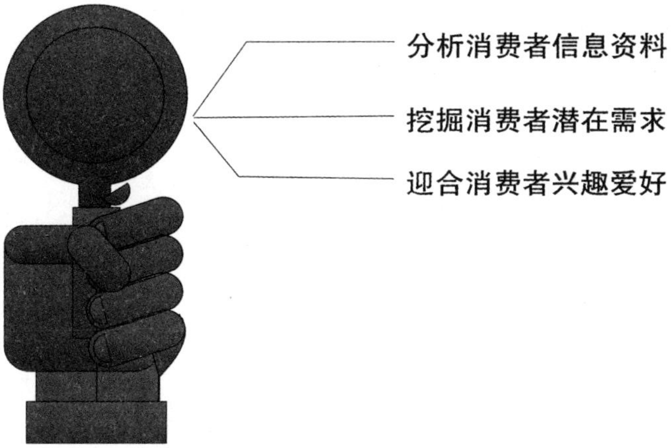

图6–6 制造惊喜的三种方法

北京建外SOHO内的一家化妆品店，为了获得更多的消费者好评，持续吸引回头客，在细节方面下了很大功夫，做出了创意和惊喜。这家店铺所卖的化妆品都是纯天然产品，比如一些手工香皂、来自泰国的精油等。店铺老板规定，给每个购买店内产品的消费者，在包装袋内附送一个小小的礼盒。

不管消费者是回家打开这个小礼盒，还是在店内直接打开，都会心生惊喜，因为这是一个手工制作的小香瓶，里面装的是纯天然香水。

这个小礼品看上去非常古朴典雅，富有艺术气息，让人爱不释手。消费者可以放在包里，或者挂在车内，用完之后，还可以将自己喜欢的香水、香氛倒入瓶内，继续使用。

通过向消费者赠送制作精美、富有艺术气息的小礼盒，这家化妆品零售店给予了消费者大大的惊喜，在很多消费者心中留下了难以磨灭的印记。

6.5 把好和坏的定义权交给消费者

消费者是上帝，这句话很多零售企业的经营者都知道，但遗憾的是，大部分零售企业在经营过程中并没有给予消费者应有的“上帝”般的权利，最突出的一个问题是没有给予消费者足够的选择自由，有些零售企业甚至会抹杀消费者选择的空间，“强迫”消费者购买特定的产品。试想一下，在这样的购物环境中，消费者对零售企业如何会产生好感，继而感受到温度呢?

6.5.1 给予消费者更多的选择权利

对零售企业而言，给予消费者自由选择的权利是对他们最大的尊重，也是零售企业培育温情的最有效方法。很多时候，消费者的选择在我们的眼中也许很好，也许很坏，但这不是我们剥夺消费者选择权利的理由。有温情的零售企业会尊重消费者的选择，尊重他们的个性，满足他们多样化的需求。

一所学校旁边开了好几家豆浆店，几年下来，其中几家店的生意起起落落，时好时坏，唯独一家名为“味儿鲜”的豆浆店生意一直都很红火，每天早晨门前都会排起长队，就好像大家达成了这样一个约定：没有这家店的豆浆就不吃早餐。

为什么这家豆浆店能够与众不同，获得消费者如此高的忠诚度呢？一般情况下，人们在喝豆浆的时候喜欢往里面加糖，这样豆浆喝起来才可口。一般豆浆店只为消费者提供白糖，但是这家豆浆店却给了大家更多的选择权，为大家提供了三种不同的糖：第一种是白糖，和其他几家豆浆店提供的并没有什么差别；第二种是有滋润喉咙、保护声带功用的蔗糖，店老板之所以准备这种糖，是因为学校的老师上课用嗓子，这是为他们贴心准备的；第三种糖更贴心，由于学生是豆浆店的主流消费群体，而学生的好奇心比较强，喜欢新奇的东西，所以店老板便针对学生群体的特征准备了黑糖，豆浆里加入黑糖后会变得黑黑的，看起来很有个性，喝起来别有一番滋味，学生们为这种豆浆起了一个绰号——“巧克力豆浆”。

除此之外，这家豆浆店对消费者还特别热心，不管是老板还是服务员，对常客的姓名都能熟记于心，每一次消费者光顾的时候他们都会亲切地打招呼，同时还会准备一些赠品。比如，他们会为老顾客准备一些豆皮，将豆渣送给老人，让他们带回去用酸菜煎炒，做成一道可口又下饭的佳肴。

消费者选择多，又有礼物拿，感受着店里每一个人的善意和尊重，这样的豆浆店生意又怎么能不红火呢？因为大家走进店内，就会感受到温情。“选择+礼物”的经营理念，最大限度地拉近了店家和消费者心灵间的距离，令消费者对店家产生了浓浓的好感和信任，继而产生了忠诚感。

如今，消费者真正追求的是超越自身期望的有温度的产品和服务。对零售企业而言，在经营过程中不仅要提供消费者需要和喜爱的产品，还需要给予消费者更多的选择权利，用亲切的服务让消费者产生共鸣和感动。消费者选择的权利大了，感动了，那么他们对我们自然也就有了更强烈的好感，产生了更加明显的忠诚感。

6.5.2 尽可能丰富产品

对零售企业而言，要想给予消费者更多选择的权利，产品是绕不开的一道坎。消费者进入零售企业店铺的最主要目的是购买产品，可选择的产品多了，消费者所拥有的选择权自然也就多了。

（1）丰富产品品类。零售企业要尽可能地丰富产品的品类，做到“大而全”，这样才能满足消费者多样的选择需求。

（2）对产品进行模块化设计。零售企业需要尽可能地对产品进行模块化设计，使得产品本身具有多种属性，能够根据消费者的具体需求进行功能抑或外形上的组合配置，实现完美变身（图6–7）。

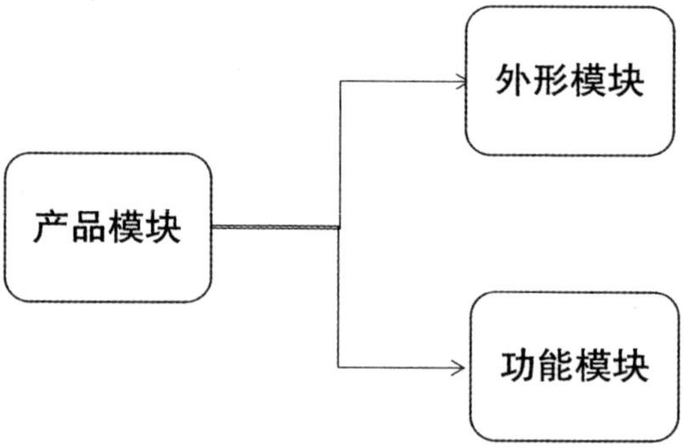

图6–7 产品模块分类

6.5.3 开辟新的选择领域

零售企业要想给予消费者更多的选择，就不能局限于常规，而应该另辟蹊径，开辟新的选择领域。要知道常规的选择大家都有，消费者对此已经见怪不怪了。假如我们在经营过程中依然坚持常规做法，给予消费者的选择都是别人有的，那么我们给予的选择在消费者眼中就没有丝毫特色和个性，自然也就不会引发消费者的关注，更不用提获得消费者的好感，让消费者感动了。对消费者而言，好的选择首先应该是具有创新性的，或者符合人们的潮流需求，或者迎合人们的个性追求，或者适应人们的审美发展。

“全家+卡拉OK”的第一家店位于日本东京蒲田，面积不大，只有100平方米，里面陈列的商品和其他全家零售店没有什么差别，唯一不同的是这家店里多了一块“卡拉OK”区域。“卡拉OK”区域有独立的包间，费用是按每人每小时计算的，营业时间为早上10点到次日凌晨5点。卡拉OK的入驻使得进店消费群体发生了很大的变化，除了很多年轻消费者之外，中老年消费者也成了进店消费的主要群体。全家根据消费群体的这种变化，增加了适合中老年消费者的产品，整体销售额因此大增。

在国内，永辉超市也积极为消费者提供新的选择，以此吸引消费者进店消费。2017年，永辉新业态——超级物种在福州广场开业，虽然门店营业面积只有500平方米，但是它在满足消费者购物需求的同时，能为消费者提供新鲜、安全、高性价比的全球优质食材。门店融合了永辉目前孵化的8个创新项目：鲑鱼工坊、波龙工坊，盒牛工坊、麦子工坊、咏悦汇、生活厨房、健康生活有机馆、静候花开花艺馆。其中，面积只有50平方米左右的波龙工坊，平均每天可以卖出400只波士顿龙虾。

“超级物种”是永辉超市根据自身经营经验和消费者需求对零售模式进行不断探索的产物，本质上采用的是“超市+餐饮”业态混搭的模式，能够让进店消费者体会到更多的生活滋味。之后永辉超市又推出了“超级物种”的第二代门店，从门店面积、物种种类、消费体验等方面进行升级，给予进店消费者更加良好的体验。

6.5.4 做消费者选择的参谋官，而非司令官

零售企业向消费者提供选择的过程中，消费者是中心，零售企业仅仅是参谋。有时候消费者由于各种原因难以做出选择，这时我们可以提出自己的建议，帮助消费者了解各种选择的优劣，但是我们最好不要越俎代庖，代替消费者做出选择。因为消费者有自己的审美观念和需求，我们认为美的可能在消费者眼中是丑的，我们认为适合消费者的也许在他们眼中是多余的、无趣的。更重要的是，假如我们对消费者的选择做出太多的引导和干预，会让他们觉得自己的选择权利

受到了侵犯，继而对我们心生排斥，甚至产生厌恶之情。所以，在消费者选择的过程中，我们要摆正自身身份，做参谋官，不做司令官。

（1）构建无人购物场景，让消费者真正享受到选择的自由。无人购物场景往往会让消费者感受到更大的自由度，产生更惬意的购物体验。零售企业可以立足自身实际，尽可能地利用移动互联网、物联网、人工智能等为消费者构建无人购物场景。

（2）站在消费者的立场上提供需求解决方案。零售企业需要站在消费者的立场上，真心实意、设身处地地为消费者提供需求解决方案，而非站在自己的立场上向消费者推荐利润最高的商品和服务。当然，零售企业的需求解决方案只是锦上添花，不要越俎代庖，毕竟最终一切都是为了提供给消费者更加丰富的选择。

6.6 卖产品，还要变身生活顾问

世界著名汽车推销员乔·吉拉德曾经这样总结自己的成功："其实我真正卖的产品不是汽车，而是我自己——乔·吉拉德。以前如此，未来也是如此。"很多零售企业觉得自身卖的是产品，但实际上，在智慧的零售企业看来，自己所销售的并非产品，而是自身，消费者购买的也不仅仅是产品和服务，而是零售企业的需求解决方案和服务精神、态度，是零售企业给予自身生活的一种指导、一种提升。

传统零售本质上是一种利益交换关系，一手交钱，一手交货，完成交易之后买家和卖家之间就没有什么联系了。也就是说，传统的零售模式是冷冰冰的，买卖双方几乎不存在情感上的沟通与交流。所以，当电商兴起之后，传统零售的冰冷无法有效地"黏住"消费者，最终导致大量消费者流失，致使传统零售企业在经营上陷入困境。

当前，零售企业要想在激烈的竞争中占得先机，获得优势，需要改变自身同消费者间冷冰冰的关系。很多零售商觉得自身和消费者之间就是一种纯粹的买卖关系，这种观点从表面上看并没有什么错误，但是从营销角度看是大错特错的。这就好比在其他条件相同的情况下让消费者在陌生人和熟人之间做出选择，那么这个人很可能会选择从熟人处购买。同样的道理，零售商不仅仅要卖给消费者产品，还需要输出情感，努力让自己融入消费者的生活中，将自身包装成消费者的生活顾问，成为他们生活中不可或缺的一部分，如此，零售商在消费者心中才会占据重要位置，成为消费者购物的首选。

6.6.1　输出情感需要真心为消费者解决问题

有温度的零售会让消费者感动，让消费者舍不得离开。零售企业必须要明白的一点是，向消费者售卖的不仅仅是货架上的商品，还应该包括服务。当零售企业的每一位员工都能设身处地地站在消费者的立场上为他们解决问题时，零售企业自然也就有了温度，心中自然也就生出了好感和信任。如此，消费者会在之后的时间提升店内的逗留时间和消费次数，变身为零售商品品牌和口碑的传播者。

让消费者感动表明的是一种站在消费者角度真心实意为他们着想的态度，表明的是一种情感上的亲近和交流。假如我们在同消费者打交道的过程中能够做到这一点，那么我们就会在温暖消费者的同时，在他们内心深处留下更深刻的品牌烙印，成为消费者消费时的首选。

有一位女士来到一家五金店，用比较犹豫的口气对店主说要买一把电钻。五金店的老板察言观色，并没有直接将电钻卖出去了事，而是详细、耐心地询问那位女士，想要弄清楚她的真实需求。原来那位女士之前没和电钻发生过任何交集，只是因为家里装修的原因，需要在墙上钻一个洞。了解到女士的真实需求之后，五金店老板便提议将电钻借给她使用。

之后经过进一步询问，五金店老板又发现这位女士是想在钻出来的小洞中塞进一截楔子，他凭借多年的经验，知道打一个螺栓其实比钻洞更方便、实用。最终，五金店老板卖给了那位女士一些螺栓，帮助那位女士真正解决了问题。

后来那位女士成了这家五金店的常客，只要家里购买五金类产品，就会到那家店采购，而且不仅自己购买，在朋友有需求的时候，她也会热心地将这家五金店推荐给他们，老板因此多了很多新客户，生意越来越好，利润越来越高。

这位五金店老板在消费者进店之后，真心实意地了解了消费者遇到的问题，提供了解决问题的方法，最后帮助消费者彻底解决了问题。这个过程并不是在单纯地卖商品，仅仅形成一种生意上的买卖关系，而是介入到消费者的生活中，成为他们值得信赖的生活顾问。正是因为这个原因，五金店在消费者心中才有了温度，才将消费者变成了自己的“铁粉”和免费推销员，拥有了众多的粉丝，获得了更多的利润。

6.6.2 变身消费者的生活顾问

智慧的零售企业不仅仅向消费者售卖产品，还会向消费者提供需求解决方案，帮助他们以最小的代价、用最简单的方法解决问题。这样一来，零售企业才会成为消费者的生活顾问，才会真正走进消费者的内心，成为他们生活中不可或缺的一部分。

了解消费者的真正需求

除了“消费者要什么就提供什么”之外，零售企业还需要了解消费者的消费目的，搞清楚他们的真正需求。很多时候，消费者在购买产品的时候往往会带有某种盲目性和冲动，导致所购买的产品和自身的实际需求不符，不能有效地解决问题。所以要想自身有温度，那么零售企业首先要做的就是搞清楚消费者的真实需求，然后在此基础上向他们推荐最适合的产品和服务。

（1）问。在消费者说出所需产品后，零售企业服务人员可以采用聊天的形式和他们进行互动，在一问一答中剖析他们的真实需求。

（2）演示。假如消费者搞不清楚真正需要什么，零售企业可以通过构建场景，以演示的方法帮助他们找到真正的需求。

提供最适合消费者的解决方案

推荐最适合消费者需求的产品，只是建立在消费者原本认知基础上的一种解决方案。很多时候，消费者由于在专业知识和技能上有欠缺，想出来的方法可能并不是最好、最高效的。这个时候零售企业就需要向消费者推荐解决问题的最好方案，帮助他们尽可能地节省时间和资源上的投入，让消费者又快又好地解决所面临的问题。如此，消费者才会意识到我们不是在单纯地售卖产品，而是在真心实意地为他们解决问题，这样他们才会更加信任我们，才会变成我们的老顾客，并且积极地向身边的亲友推荐我们。

第7章

打造新物种，方能抢占智慧零售新高地

随着消费者消费需求的不断升级，原有的消费业态已经很难给予他们满足感。这就需要零售企业创新业态模式，打造智慧零售新物种，以更适合的商品、更走心的场景和服务吸引消费者。

7.1　盒马鲜生：自我颠覆升维，1+1+1＞3

盒马鲜生采用的是阿里巴巴对线下超市完全重构后的智慧零售业态。盒马鲜生是超市，是餐饮店，也是菜市场，消费者可以到店购买，也可以在盒马APP上下单。

2017年8月，盒马鲜生登上了《哈佛商业评论》年度新零售TOP10。在短短的时间里成为超级物种，盒马鲜生做对了什么？可以说，这得益于盒马鲜生在平台、营销与价值层面的升维。

7.1.1　平台升维

从平台升维的角度来看，盒马鲜生做到了用户体验升维，通过打造“门店环境体验+商品体验+餐饮体验+到家体验+粉丝互动情感体验”的体验模式，满足消费者的多维体验需求。盒马鲜生以“吃”为核心，营造了“四不像”的消费场景——不像超市，不像便利店，不像餐馆，又不像菜市场。这种消费场景，满足了消费者对于吃的一切需求。

（1）盒马鲜生基于场景定位，围绕“吃”构建商品品类。消费者在盒马鲜生店内能够找到来自全球100多个国家和地区的海鲜水产、水果蔬菜以及肉禽蛋奶等生鲜商品，还能够买到粮油干货、乳品烘焙、休闲酒类等差异化商品。

（2）在商品结构上，盒马鲜生并非简单地为消费者提供商品，而是提供了一种生活方式。盒马鲜生以消费者复购率极高的生鲜产品为主打产品，为消费者提供的是成品、半成品。这样一来，就大大降低了消费者操作的难度，节省了时间，提升了效率，自然也就优化了消费者的消费体验。

（3）围绕消费者，盒马鲜生增加了餐饮、物流、体验、粉丝运营等功能，将自身打造成了一个强大的复合功能体，满足了消费者不断升级的需求。

7.1.2 营销升维

盒马鲜生将盒马APP作为门店唯一支付入口，并依托盒马APP建立起完善的会员体系，培养用户移动支付的习惯，打造出了会员的消费闭环。盒马鲜生依托阿里巴巴强大的大数据基因，进行用户画像，并根据结果进行精准营销、商品结构调整和选址布局。

（1）以线下带动线上。盒马鲜生的营销主战场在线上，营销工作的重点是将线下流量转移到线上。数据显示，盒马用户的黏性和线上转化率远高于传统电商，线上订单占比超过50%，营业半年以上的成熟店铺更达到了70%。线上用户转化率高达35%，这一数字是传统电商的10~15倍。

（2）打造超强IP，精准圈粉。首先，从本质上进行打造。盒马鲜生的获客手段从传统零售方式下的价格促销、强化生鲜和打造整洁的环境转变为全渠道布局、场景聚集、体验优先，从经营商品转变为经营消费者需求。

另外，盒马鲜生将传统零售方式下的“一站购物、一次购足”零售理念转变为“新鲜每一刻、所想即所得、一站购物、让吃变得快乐、让做饭变成娱乐”。

其次，从形式上进行打造。盒马鲜生重构了零售形式，做到了线上线下一体化。另外，盒马鲜生还重构了支付方式，全力推行无现金支付，形成了大数据闭环。

再次，从模式上进行打造。盒马鲜生重构了商品结构，聚焦场景和体验，跨界融合，以“零售+餐饮”的模式打破了传统零售模式，大大强化了消费者的现场体验。这样一来，盒马鲜生就为消费者提供了一种新的生活方式，大大丰富了人们的生活体验。此外，盒马鲜生重构了店仓结构，采用了仓库前置的方式，实现了卖场和仓库的统一；自建物流，并实行“零门槛免费配送+3千米范围内30分钟送达+无条件退货”。

7.1.3　价值升维

盒马鲜生根据会员的需求倡导新的消费价值观：新鲜每一刻，所想即所得，一站购物、让吃变得快乐、让做饭变成娱乐。盒马鲜生还会定期组织活动，诸如亲子包饺子、厨艺比拼、大闸蟹试吃会等。这样的价值观以及粉丝活动，很容易形成凝聚力极强的消费社群。

（1）30分钟送到。为了保证产品新鲜，让自身在消费者心中更具价值，盒马鲜生承诺在消费者下单后门店附近3千米范围内30分钟送达。为了实现这一目标，盒马鲜生运用大数据、移动互联网、智能物联网、自动化技术等以及先进设备，实现了人、货、场之间的最优匹配，从供应链、仓储到配送，盒马鲜生有自己完整的物流体系。盒马鲜生的供应链、销售、物流履约链路完全是数字化的，在完成商品的到店、上架、拣货、打包、配送等任务时，作业人员都是通过智能设备去识别和作业的，简单高效，而且出错率极低。

（2）所想即所得。盒马鲜生采用店仓合一的经营理念，线上和线下统一商品、统一品质、统一价格、统一库存、统一营销，可以满足消费者在任何场景下的即时性需求，从而实现“所想即所得”。这样一来，盒马鲜生的存在让消费者的生活变得更加方便，对消费者而言自然价值满满。

（3）一站式购物。盒马鲜生的门店面积虽然是有限的，但是通过线上扩大商品品类，推出预售服务，很好地满足了消费者有关“吃”的所有需求。这种在吃上的一站式服务，让盒马鲜生在消费者眼中产生了巨大的价值。

（4）让做饭变成一种娱乐。盒马鲜生不断推出各种各样的活动，吸引消费者参与，能让年轻消费者在做饭上收获成就感。为此，盒马鲜生在店里进行了大量的分享、交流等，从而让“吃”这件看起来普通的事情变成了娱乐，变得更值得分享，让门店对消费者产生了强烈的黏性和社交属性。这样一来，盒马鲜生就为消费者创造了一种新的生活方式，让大家的生活变得更加有趣，更加愉悦。

7.2 每日优鲜：“商品+供应链”覆盖北京一半办公场景

生鲜电商每日优鲜于2017年6月上线“每日优鲜便利购”业务，发力办公场景，意图在短时间内覆盖北京一半的办公场景。每日优鲜便利购的零食货架主要入驻北京100~1000人规模的企业，包括常温零食的开放式货架、放生鲜产品的冷藏柜以及放冰激凌等产品的冷冻柜，商品种类非常丰富，给予消费者的选择空间很大。

7.2.1 做增量市场

每日优鲜是做B2C起家的生鲜电商平台，在主要满足消费者的到家场景需求的同时，通过大数据分析，发现来自办公场景的订单居第二位，意识到办公场景做得好，就能开辟出一个增量市场。

每日优鲜便利购之所以发力办公场景，做办公室零售，是因为意识到这种模式具备两大优势，发展前景广阔。

首先，办公场景距离目标消费者的距离最近。每日优鲜采用前置仓模式，遍布北京各个办公空间的前置仓让商品距离目标消费者更近，这样就做到了在保质的前提下最大限度地降低了成本，提升了效率。

其次，办公场景具有刚需、非计划特点。在过去，并没有什么销售渠道契合办公场景的这一需求特点，所以办公室的白领消费者在产生需求后网购或者到楼下便利店解决问题。办公室便利店的出现无疑大大满足了办公室白领的需求，解决了他们的痛点。因此，办公室便利店实际上是在做一个增量市场，因为之前并没有一种销售渠道能够很好地满足办公场景的需求，但是这种需求又是真实存在的，并且是刚需。

正是因为预测到了办公室便利店模式的美好前景，每日优鲜开始聚焦办公室无人售卖，推出零售新物种“便利购”。

7.2.2　做好用户行为分析

每日优鲜认为做好办公室便利店的核心并不是抢占点位资源。虽然点位资源是做好办公室便利店的一个很重要的因素，毕竟大的写字楼资源就那么多，优秀的公司数量也是相对固定的，每个公司的空间内能够容纳的开放式货架也是有限的，但是抢占了点位资源就意味着一定成功吗？不然，入驻企业仅仅是成功之路上的一个挑战，一旦运营不好，点位资源可能随时会失去。简而言之，对办公室便利店而言，入驻企业仅仅是一个开始，在产品价格、品质上做出优势，抓住消费者的真实需求，才是核心。

每日优鲜便利购认为做好用户精细化运营是成功的核心。用户精细化运营听起来似乎很简单，但做好却并不容易。每日优鲜便利购将入驻企业按照七个维度（图7–1）分成五种类型。

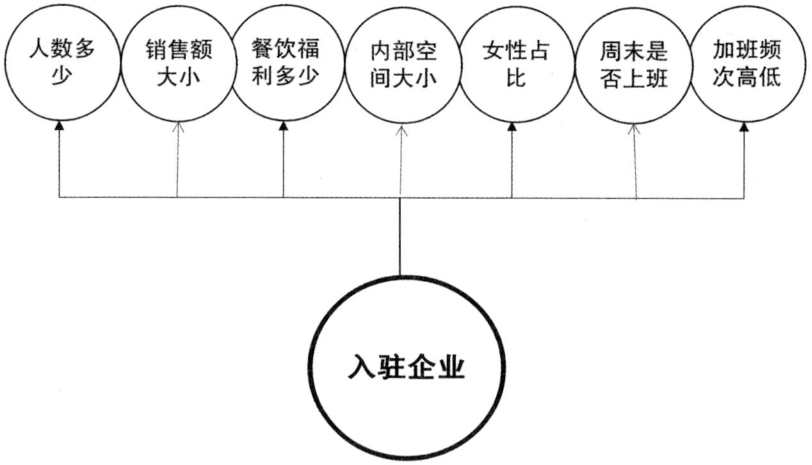

图7-1 入驻企业分类的七个维度

因为不同的企业在这七个维度上的表现各不相同，所以每日优鲜便利购对每个企业都进行了不同的用户画像。如此一来，每日优鲜便利购也就抓住了用户的消费行为，可以细致分析在每家企业销售的爆款产品是什么，员工最青睐的商品品类有哪些，哪些商品的销量不尽如人意，需要及时进行更换。如此，每日优鲜便利购也就快速地建立了同办公室白领们的黏性，使得自身品牌快速地占领了办公场景。

另外，在进行用户精细化运营的同时，每日优鲜便利购还会和企业进行良好的沟通。做好这一点，很多企业就不会收取便利购的租金，在很大程度上降低了成本。每日优鲜便利购每两周会和销量前30名的企业进行沟通，了解企业有哪些新需求，然后根据企业提出来的要求进行产品更新迭代，从而更好地满足客户的需求。

7.2.3 打造“商品+供应链”组合拳优势

每日优鲜打造出了“商品+供应链”的组合拳优势，从而最大限度地提升了消费者的消费体验。每日优鲜便利购利用公司完整的冷链物流体系，将商品配送到遍布北京的300多个前置仓，然后根据不同点位的补货频次，由自营配送员对货架进行补充和更新。基于每日优鲜这个生鲜电商平台，便利购的补货效率和商品品质都非常高，赢得了公司白领们的一致认可。

现在每日优鲜便利购能够做到每日一补或者每日两补，后台会根据销售数据提醒补货员及时补货以及补充何种商品。每日优鲜供应链的优势则通过商品价格明显地体现了出来——相对于其他零售商，每日优鲜便利购的同类商品在售价上更低。这样一来，就使得每日优鲜便利购具备了价格上的竞争优势，从而彰显出了更强的竞争力。

7.3　肚子里有料：明确定位，两年开出300多家门店

肚子里有料是一家售卖港式面点的餐厅。作为老牌餐饮企业乐肴居推出的餐饮新物种，肚子里有料承载了乐肴居转型智慧零售模式的战略。肚子里有料在第一家店开业后的短短两年多时间内，就开出了300多家线下门店，成为餐饮零售行业内的一匹黑马。

7.3.1　定位明确，锁定中高端“吃货”

投身餐饮业十余年的乐肴居，是一家速冻米面制品生产企业。最初其生产的速冻点心主要供应各大酒店和餐厅，产品定位属于中高端。肚子里有料诞生之后，乐肴居继续锁定中高端消费者，有针对性地推出了港式面点，用精致、味鲜的豆沙包、馒头快速占领了中高端消费者市场。

（1）大学生。大学生对吃的热情很高涨，消费能力也很强，喜欢新奇、精致、味美的食物。肚子里有料将大学生作为主要目标消费群体之一，从性格、兴趣爱好、作息、行为等方面对这个群体进行了精准画像，充分地掌握了他们对美

食的需求特点。

（2）公司白领。公司白领的工作时间比较紧凑，他们多金，对美食的要求相对精细，对美食文化的认可度也非常高。肚子里有料将其作为自身产品的主要目标消费群体之一，对其消费行为进行了详细的调查分析。

（3）其他对生活品质要求较高的城市居民。这类城市居民多金，渴望享受更加精致的生活，特别是在饮食上，追求更好的味蕾体验。

针对目标消费群体的特征，肚子里有料有针对性地推出了“香港爆汁流沙包”——流动的馅心，金黄诱人的色泽，薄薄的皮儿，轻轻咬上一口，充满了浓郁的奶香味，搭配松软而又富有弹性的外皮，甜而不腻，趁热吃简直能够让人飞起来！虽然售价较贵，但却精致、鲜美而富有艺术气息，很契合大学生、公司白领以及其他对生活品质有较高追求的城市居民的要求。

除了香港爆汁流沙包之外，肚子里有料之后还有针对性地推出了叉烧包。白白胖胖又四四方方的叉烧包，掰开之后，肉汁四溢，一股浓郁、鲜香的叉烧味道扑鼻而来，整块的叉烧肉则让人忍不住口水直流，产生满满的幸福感。

7.3.2 以技术强化口感，带给消费者更好的体验

肚子里有料深知产品口感是吸引消费者关注的核心因素，而港式点心讲究的是精致，流沙包、叉烧包、起司鲜奶等产品冷藏后再用蒸屉加热，点心里的汤汁会流失，表皮也不再蓬松，在口感上自然会大打折扣。试想一下，这样的产品怎么可能抓牢中高端消费者呢？

为了解决这一问题，最大限度地提升口感，让消费者享受到极致美味，肚子里有料集中资源进行了技术研发和攻关。其在尝试了上千次面皮的配比后，通过控制发酵、温度、糖乳化等数据，一点点摸索出了馅料、面皮的最优配方。通过技术上的革新，肚子里有料研发团队成功研发出了速冻面点保水技术，能够最大限度地确保汤汁不被面皮吸收掉。这样一来，肚子里有料的速冻面点经过蒸屉加

热之后，消费者就感受不到口感上的区别了。

除了通过技术上的革新最大限度地保留面点的口感之外，肚子里有料还通过不断开发新产品持续更新消费者的口感体验，不断地冲击消费者的味蕾。肚子里有料的产品研发团队保持着两个月推出一款新产品的迭代速度，这样的节奏能够让肚子里有料的厨师团队通过了解市场反应来开发新产品，比如他们根据年轻人的喜好开发出的米汉堡，就深受年轻消费者的推崇和喜爱。

7.3.3 加盟扩张，两年开出300多家门店

为了快速地发展壮大，肚子里有料开启加盟模式，在短短两年时间内，门店数量就超过了300家。高速扩张对肚子里有料而言是机遇也是挑战。

（1）选址指导。人流量的大小会直接决定肚子里有料加盟店的营业额，因此肚子里有料对加盟店的选址要求是最好位于地铁、核心商圈等有大量人流的位置。除此之外，大学、高档社区、商务中心等位置也是肚子里有料加盟店店址的重要考虑范围。肚子里有料会指派专人为加盟店选择最合适的店址，帮助加盟店获得人流红利。

（2）标准学习。品牌的号召力是肚子里有料的最大财富，而品牌号召力的本质是标准和流程。所以肚子里有料会对加盟店相关人员进行严格的标准和流程培训，以保证所有产品都具有统一的口感。

（3）门店装修设计。肚子里有料会对加盟店的装修设计进行全程指导，统一店牌设计和内部装修风格，从而最大限度地提升品牌的严肃性和影响力。

7.4 RISO未来店：融合模式还原生活本位

百联集团在互联网浪潮的冲击下，在转型智能零售时提出了“线下场景化+

体验化+产业生态链+高效供应链”的口号，推出了RISO未来店项目。2017年6月26日，RISO首店在上海正式开业，主打“餐饮+生鲜+书店”融合模式，为消费者提供了更丰富的消费选择和更愉悦的消费体验。

7.4.1 主打融合牌，还原生活本来的味道

RISO未来店主打融合牌，主要表现为进行空间和场景上的融合、轻食和品质上的融合、线上和线下的融合、美食与购物的多业态融合。RISO融合了超市、餐饮、书籍、音乐等流行元素，为消费者营造出了一种大店套小店的多样化消费场景。RISO未来店的定位是成为向消费者提供美食、饮品、生鲜的精品生活市集。

为了向消费者完美地展现自身的融合特色，首家RISO未来店在布局上花费了很大的心思。其设有两层，合计3200平方米，体验区的面积非常大，能够为顾客营造一种轻松、有趣的消费环境。一层基本上都是生鲜食品，消费者可以要求厨师进行现场加工，也可以经过半加工后带走。二层是餐饮区和书店区。RISO设有早餐、午餐、下午茶以及晚餐，将目标人群瞄准为25~45岁、多金、追求个性和生活品质的消费人群。

融合后的各品类商品所占比例为：50%餐饮、25%生鲜、20%食品饮料、5%日用品。全店60%的商品为进口的中高档产品。这样一来，RISO未来店就和其他普通的商超卖场拉大了距离，形成了差异，打出了自己的特色。

7.4.2 体现“未来”要素，满足消费升级需求

RISO通过集中展示“未来”要素来提升自身辨识度，满足消费者不断升级的消费需求。具体而言，RISO通过定位新人群、构建新环境、供应新商品、提供新服务的“四新”来提升自身的竞争力，最终得以快速占领消费者市场（图7–2）。

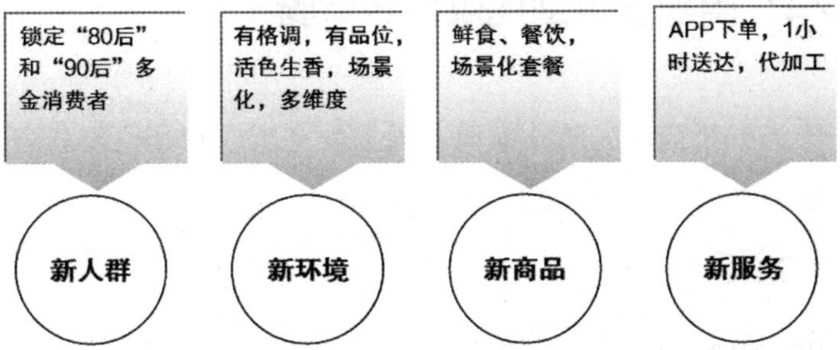

图7-2 RISO体现“未来”的要素

（1）锁定新人群，主要针对“80后”和“90后”多金消费者引进商品和构建消费场景。这样一来，通过对新人群进行精准画像，RISO得以更加精准地掌握目标消费群体的需求痛点，继而精准地构建需求场景，提供需求解决方案。

（2）构建新环境。RISO店内的装修不仅有格调，而且非常走心，有品位。在布局上，RISO减少了货架，增加了体验区的面积，当顾客走进店内后，看到的并非传统的商超货架和走廊式的设计，而是一个个片区。这样一来，利用场景模式，RISO的陈列就更新奇，更贴近生活，让消费者更舒服。其总体的设计逻辑是搭建多个生活场景，意在打造一种全新的生活方式，让消费者能够更贴近生活场景，继而产生购买欲望。

（3）打造新商品。餐饮是RISO的一大特色，其所有餐饮档口都是自建自营的。餐饮档口自建自营，为的是最大限度地提升开发产品的能力。RISO会根据不同的节气进行相应菜品的研发，围绕用户的口味不断地进行调整。其还特别推出了各种场景下的套餐，能够让顾客吃得饱，吃得好。

（4）提供新服务。RISO开发了自己的APP，消费者可以直接在APP上下单，享受1小时内送达或者定时送达以及代加工的服务。这样一来，RISO也就大大降低了消费者购物的时间成本，提升了消费者的购物效率。

7.5 简24：用视觉识别提供极致体验

坐落于上海虹桥商圈的第一家简24无人便利店，和其他便利店存在着很大的不同——该店采用的是“视觉识别”运营模式，让消费者真正产生了“拿了就走”的极致消费体验。

简24是第一家融合了计算机视觉识别、复合传感器和深度学习等前沿科技的无人便利店。消费者需要下载安装APP或通过微信小程序扫码进入店内，挑选需要的产品，体验更有趣、更自由。

作为零售新物种，简24有着自身鲜明的特色。和之前阿里巴巴的淘咖啡以及京东推出的无人便利店不同，简24的占地面积只有100平方米，商品、货架布局等和传统的便利店相似。店内的SKU数达到了两三千个。在选品方面，从鲜食（包括盒饭）到日常生活用品，店内应有尽有，甚至还包括一些在传统便利店找不到的新奇商品，诸如一些进口精选商品和网红产品。

消费者进入简24店内后，可以任意选择商品，没有品类和数量上的限制，但是和Amazon Go相似，消费者需要将选中后又不想购买的商品放回原处。另外，在人流方面，为了保证视觉识别的准确率，现阶段简24允许不超过10个人同时进店。随着门店落地后技术上的不断突破和迭代，简24的视觉识别准确率在不断提升，现在已经达到了90%以上。

第8章

服务走心，零售企业才更具智慧

服务是影响零售企业成功，获得消费者认可的关键因素。只有在服务上走心、用心，将服务真正做到消费者的心坎里，才会让自身在消费者眼中更具价值，更值得信赖。假如零售企业仅仅将服务视为商品的附属品，仅仅向消费者提供常规服务，那么与消费者间的心理距离会越来越大。

8.1　让消费者见证服务

美国著名推销员乔·吉拉德提出了著名的“250定律”。他认为在一位消费者身后，大约存在着250名亲朋好友。你赢得了一位消费者的好感，也就意味着有可能会赢得其身后250个人的好感；反之，假如你得罪了一位消费者，那么也就意味着可能得罪了其身后的250位潜在消费者。这就意味着，零售企业必须将每一位消费者看作上帝，认真对待每一位消费者，因为获得一位消费者的认可，就可能会收获其身后的众多潜在消费者。

面对面，零距离，做好服务，零售企业才能更好地发掘自身的潜力，提升消费者的忠诚度。但是在这个过程中，很多零售企业习惯性地“自夸”，认为在消费者面前说一百遍自己的产品好，那么他们就会发自内心地认为产品真的好。其实不然，很多时候，产品好不好，要由消费者来检验。

正所谓“自己夸一千句不如别人赞美一句”，对零售企业而言，与其自夸，不如推动消费者“信任背书”，让消费者见证，进行口口相传或在社交平台上进行分享。从自夸到消费者夸，是一个根本性的转变，零售企业就会凭借服务慢慢在目标消费群体中树立起口碑，继而影响更多消费者的购买选择，吸引越来越多的人进店消费。

小菲在银川新华街拥有一家服装店，生意一直非常好，很多消费者在逛了一次之后便成了她的回头客。很多人对小菲服装店生意火爆的原因百思不得其解，现如今面对电商的激烈竞争，实体店的日子越来越不好过，特别是服装店，俨然已经成了消费者的“试衣店”——在店里穿戴一番，记住服装品牌、尺寸，然后去网上下单。为什么周围的服装店大都只能勉强吃饱，小菲的服装店却能“吃到撑”呢？为此周围的一些服装店店主也曾暗访过小菲的服装店，转了一圈，发现售卖的服装款式都差不多，根本找不到什么秘密武器。

那么小菲到底有没有秘密武器呢？大家卖的服装款式既然都差不多，为什么消费者愿意到小菲店里消费呢？答案其实很简单，小菲在服务上下了功夫，很巧妙地推动了消费者进行“信任背书”。在小菲看来，虽然实体店在成本上和电商相比处于劣势，但是在服务上具备电商所不具备的优势。只要做好了这一点，便能紧紧地抓住消费者，吸引消费者二次光顾，并且自发地进行推荐，带动更多人进店购买。

为此，小菲特意制作了“赞美标签”，将其用别针别在店内的每一件衣服上。“赞美标签”上面写了“你是女神”“穿上她，你就是最美的”之类直击心灵的赞美，还有小菲的微信号，告诉消费者“发现了问题可以直接加我，让您满意是我最大的心愿”。最初很多消费者都没发现“赞美标签”，回家仔细检查的时候才发现这一惊喜，然后拿出手机在朋友圈分享，夸赞道：“万万没想到，这家店的衣服还会夸奖人呢！这家店的老板人真好，衣服也好，以后会多去！”

小菲的秘密武器就是在服务上搞了创新，主动取悦消费者，主动服务消费者，在互动中获得消费者的好感和忠诚。获得了消费者的好感，有了一定的忠诚度，消费者自然会进行口碑传播，这样一来，就会使更多的人关注她的服装店，来店进行消费。

由此可见，提升服务水平，引导消费者进行“信任背书”，是实体店战胜电商的一种秘密武器。我们可以将提升服务水平、推动消费者“信任背书”以及提升实体店产品销量之间的关系用图的形式形象地展示出来（图8–1）。

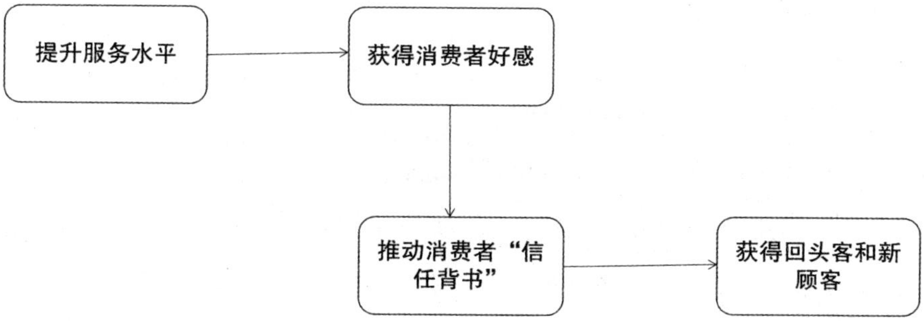

图8–1 通过提升服务水平带动销量的流程

那么，对于零售企业，要想让消费者自发地进行“信任背书”，需要从哪些方面入手呢？要用到哪些技巧呢？我们可以从产品、视角以及推动消费者进行口碑传播三个方面入手（图8–2）。

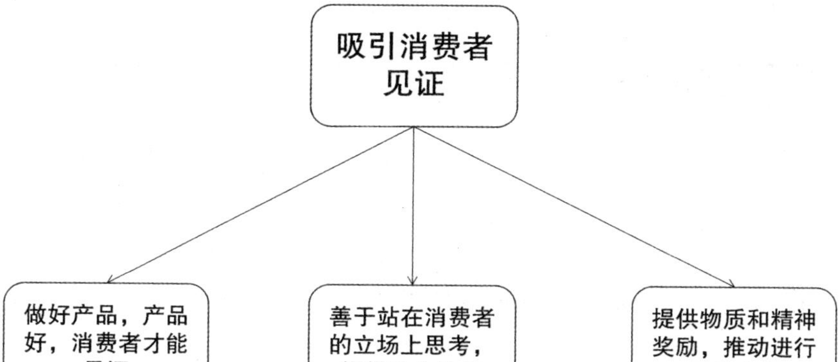

图8–2 吸引消费者见证的方法

产品是见证的基础

众所周知，产品是一切服务的基础，只有拥有好的产品，才有可能吸引消费者的关注，获得消费者的好感和信任。脱离产品的服务再好，再周到，也是无根之萍，在消费者心中留不下深刻的印象。所以，零售企业要严把产品关。

站在消费者的立场上思考，提供贴心服务

对消费者而言，零售企业服务好不好，很大程度上在于服务是否贴心。很多零售企业虽然服务内容很多，但是对消费者来说，有些服务显得比较“鸡肋”。比如，有的服装店为消费者提供旅游指南，这种服务就是“鸡肋”服务，因为相对于专业的旅行社，服装店的旅游指南肯定不具有专业性。那么，对一家服装店而言，最贴心的服务是什么呢？很简单，站在消费者立场上想一想，就能找到这个问题的答案——免费的干洗服务、新款式服装的推荐服务，等等。这些对消费者而言是最贴心的，也是消费者最需要的。

推动消费者进行口碑传播

在消费者见证的基础上，零售商还需要进行引导和推动，以最大限度地调动起消费者传播、分享的积极性。比如，零售商可以用“推荐有礼”“转发有奖”等形式，利用物质上的奖励引导消费者介绍新客户，在社交平台上分享来店体验以及产品使用心得。另外，零售商还可以借助丰富多彩的活动，诸如品尝会、儿童文艺嘉年华、购物节等，和消费者进行面对面的互动，以此提升消费者在社交平台上的分享热情。

8.2 你要的不是会员，而是粉丝

很多零售店店主都意识到了会员的重要性，他们普遍认为会员越多，零售店发展的前景就越光明。基于这一认识，大多数零售店都会做一个会员积分管理系统，消费者通过在零售店消费获取积分，然后等到年底可以用积分在店内兑换礼品，用物质奖励来培养消费者的忠诚度。另外，很多零售店还将会员卡设计成了打折卡，依据积分将会员划分为不同级别，不同级别的会员在店内享受的优惠折扣不同，以折扣吸引消费者在店内多消费。

其实，这种传统的会员模式已经不适应现今这个社会化媒体时代了，并不能成为零售商的杀手锏。

一个人创办了一家连锁超市，对会员模式非常推崇，在他看来，正是因为有了很多会员，他的连锁超市才得以在激烈竞争的零售市场存活下来。在零售专家对他说会员模式已经不适合社会化媒体时代后，他不以为然，坚定地认为会员模式对零售店而言是基石。

专家笑了笑，对他说道："会员模式过于强调人和物的互惠关系，不管是积分兑换礼物还是积分兑换折扣，都带有很大的功利性，过于强调消费者所能获得的利益，这种'人–物'的互惠关系很难转化为'人–人'的朋友关系。也就是说，消费者愿意成为会员，是冲着你所提供的利益去的，你最终培养的是他们对会员卡的忠诚，而不是对超市品牌的忠诚。你可以回想一下，进店的消费者是不是依赖上了卡片，而不是你的品牌？"

他经过认真思考，对会员模式有了更深层次的理解，不再坚持会员模式万能的理论。他问道："既然会员模式不能转化为'人–人'的朋友关系，那么什么模式可以呢？"

"粉丝模式！"专家回答。

"粉丝模式？零售店也能和明星一样拥有粉丝？"他不解。

"粉丝模式体现的是'人–人'的朋友关系，粉丝对品牌的支持不同于会员，会员看重的是利益，粉丝则是基于认同和情感，在消费的同时会自发地推广和维护品牌。你可以想一想苹果的粉丝、小米的粉丝、优衣库的粉丝、可口可乐的粉丝，等等，这些品牌都可以视为采用的粉丝模式。"专家解释道。

随后专家在纸上画了一个张图，简明扼要地展示了会员模式和粉丝模式的不同之处，让他对会员和粉丝的不同之处有了更深刻的理解（图8–3）。

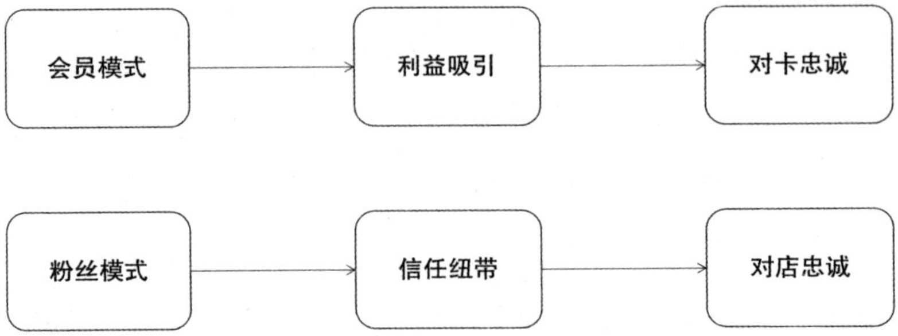

图8-3 会员模式和粉丝模式的区别

在社会化媒体时代，粉丝才是零售商得以发展壮大的基石。粉丝模式完全由消费者主导，它不再以消费者的姓名、会员卡号或者手机号码作为唯一识别方式，而是以社会化媒体的虚拟ID作为唯一识别方式。核心的社会化媒体往往是粉丝社区，可以自建，也可以依托微博、微信等平台建立。零售品牌通过虚拟ID来识别粉丝，并建立和粉丝之间的互动渠道，在沟通互动中培养自身和粉丝间的情感，形成大的社区和差异化圈子，最终强化粉丝对零售品牌的信任。

那么，零售商应如何做好粉丝模式，快速地建立自身品牌同粉丝间的信任关系呢？可以从以下三个方面入手。

全方位互动

零售商要想发展自己的粉丝，获得粉丝的信任，互动是一个必不可少的环节，也是一种简单、高效的途径。就如同一个人想要同另一个人成为朋友，那么这个人就必须主动接触另一个人，和他说话，找到共同的兴趣爱好，邀请他参与活动，强化彼此间的认同感。零售商发展粉丝也是这样的道理，需要主动和消费者互动，并且这种互动还要是全方位的，在品牌和粉丝之间、粉丝和粉丝之间以及线上与线下、圈子内与圈子外进行互动，在互动中不断积累，最终捕捉到消费者的需求和生活方式，继而快速地满足消费者的需求，丰富消费者的生活方式，最终将自身打造成消费者生活中不可或缺的一部分（图8–4）。

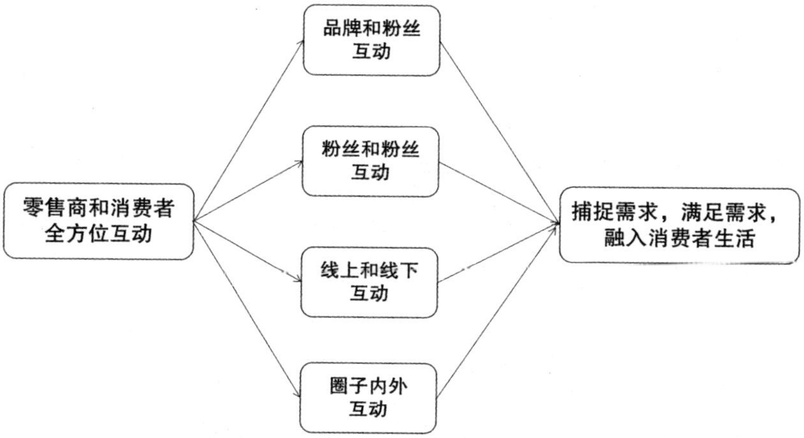

图8-4 零售商和消费者全方位互动

提供平台，建立奖励机制

零售商要想培养自己的粉丝，需要建立自己的圈子、社群，并且在圈子和社群内部建立起奖励机制，以最大限度地提升圈子和社群的吸引力，提升粉丝的活跃度。比如，零售商可以组织特定活动，推出粉丝定制产品，进行粉丝特购，举办粉丝见面会，等等，来提升自身品牌的知名度，培养粉丝对品牌的信任和忠诚。

另外，零售商可以基于一定主题进行小范围主题对话，并为粉丝提供口碑推荐渠道和个性化礼品或者体验，以多频次、小批量的活动来取悦消费者，将其转化为自身粉丝（图8–5）。

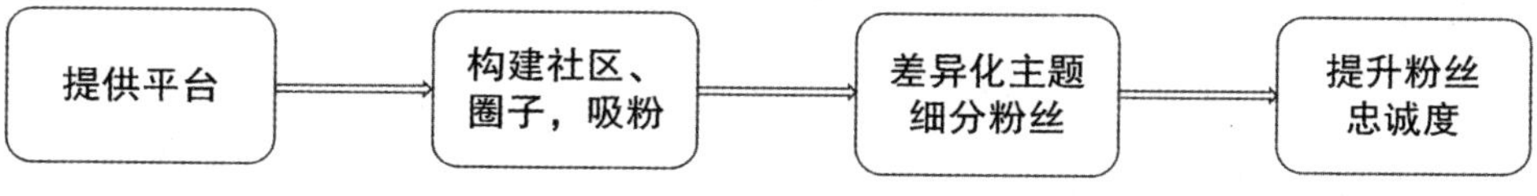

图8–5 建立平台，培养粉丝忠诚度

将自身打造为明星，制造引爆效应

众所周知，明星有着数量众多的粉丝，往往能够一呼百应，制造热门话题，引导消费风向，所以我们才会在电视广告中看到诸多明星代言的产品品牌。与其说这些品牌看中了明星的形象，不如说这些品牌看中的是这些明星背后无数粉丝的潜在购买力。

所以在当前社会化媒体时代，零售商应该利用微博、微信等自媒体平台，将自身打造成自媒体上的“明星”，或成为消费者生活方面的专家，或成为他们运动方面的帮手，或成为他们专业领域方面的导师……总之，零售商借助自媒体让自身产生明星光环，更容易吸引粉丝的关注，获得更大的影响力。

8.3 出现问题，让消费者第一时间找到你

加拿大一位心理学家曾经做过一个名为“感觉剥夺”的实验：将被测试的对象关在恒温、密闭、隔音的暗室内，严格控制实验对象的感觉输入——给实验对象戴上半透明的塑料眼罩，可以透进散射光，但是不能看清外界环境；给实验对象戴上纸板做的套袖和棉手套，限制他们的触觉……几天后，所有的实验对象都表现出了崩溃的迹象，甚至出现了各种错觉、幻觉。可见，假如切断一个人和外界的所有联系，那么这个人就会渐渐走向崩溃。

对零售商而言，假如和消费者失联，后果同样是非常严重的，也会让消费者生出种种错觉、幻觉：这家店的产品真的有问题？这家店不想好好做服务？这家店的老板是不是跑路了？我被骗了……诸此种种，必然大大降低消费者对零售商的信任度，对零售商口碑、形象产生严重的负面影响。所以，零售商要想做好服务，首先要做到的就是在消费者遇到问题时，让他们能够在第一时间联系上你，给予他们这样一种心理暗示：你是在线的，你是靠得住的，你能在接下来的时间里提供更好的服务。

家电超市经营者王先生讲过这么一个故事。

有一次，王先生接待了一位前来退货的消费者。让他困惑不解的是：那位消

费者前一天才购买了一台等离子彩电，仅仅过了一晚上，为什么就不想要了？难道是彩电质量出了问题？他赶紧上前询问消费者退货的原因。

“感觉你们后续服务不好，当初不选择网购，而是直接在你们这里购买，就是因为看中了你们的服务！”消费者说道。

王先生很诚恳地说道：“我们的服务是没问题的，绝对和承诺的一模一样。”

消费者：“我觉得你们的服务不好，所以才要求退货！”

王先生不解，不知道问题出在哪里——印象中，这位消费者根本就没提过服务要求，为何却说服务不好？王先生耐心询问，想要弄明白为什么自家店会留给消费者这么一个坏印象。

最终王先生终于弄明白了原因，原来消费者将电视买回家安装调试完毕后，在使用过程中对具体的操作事项不太明白，于是想给店里的售后人员打电话，询问具体的操作事宜。但是让消费者没想到的是，电话打通了，但接电话的人却声称他压根就不认识什么售后人员。

真相大白，肯定是售后人员在书写联系电话的时候出现了错误，导致消费者在出了问题之后不能在第一时间联系到售后人员，觉得自己被忽悠了，于是产生了退货的想法。王先生立即指派专人跟随那位消费者回家，帮助消费者熟悉彩电使用方法，最终才打消了消费者退货的想法。

后来，王先生专门为每一名售后服务人员印制了名片，分发给每一位消费者，这样一来就可以避免手写联系方式时出现类似的错误，让消费者在遇到问题时能在第一时间联系到售后服务人员。

王先生讲述的这个故事很具代表性。让消费者在遇到问题时快速联系到我们，才能彰显服务的及时、走心，才能给予消费者更好的服务体验。试想一下，随叫随到的服务保证，是不是会让消费者怦然心动，对零售商更加具有好感和信任呢？

那么，怎么才能让消费者在第一时间联系上我们呢？零售商可以从以下三方面入手。

名片人人有

很多人都认为名片是一种身份的象征，认为拥有一定管理权限的人才可以配备名片。其实，对零售商而言，这种想法是一种做好服务的“枷锁”——和消费者接触的往往是一线普通员工，对他们而言，要想让消费者记住自己，让消费者在第一时间找到自己，送上名片绝对是最好的方式。所以零售商最好能为店内所有人员配备名片，在名片显著位置标注联系方式，以方便消费者遇到问题时拿起电话就能找到人（图8–6）。

图8–6 用名片构建联系通道

严格践行“首问责任制”

零售企业的每个人，不管所处岗位如何，只要消费者联系到你，你就要承担“首问责任”，必须回答消费者的问题，帮助他们解决问题。假如消费者遇到的问题超出了你的职责范围，也要帮助他们找到相应负责人，直到消费者满意为止。

建立“首问责任制”的根本目的在于避免消费者需要帮助时遇到“踢皮球”的状况，将消费者的问题推来推去，降低消费者的满意度，从而损害零售企业在消费者心中的正面形象（图8–7）。

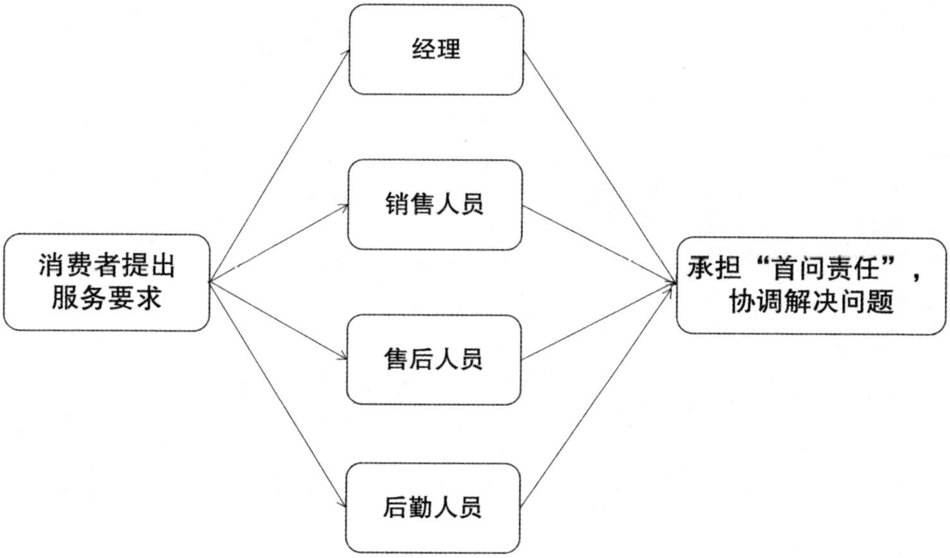

图8-7 应用“首问责任制”提升消费者的满意度

主动回访消费者

零售企业要想在服务上走心，凭借优质服务获得消费者的信任和推荐，就必须主动出击，对消费者进行回访，将消费者的问题消灭在萌芽状态，使消费者产生“全程无忧”的极致服务体验。

零售企业可以通过实地走访、电话回访、微信互动等形式主动联系消费者，了解他们的潜在服务需求，提前进行服务介入，从而使得消费者享受到更为完善、优质的服务（图8-8）。

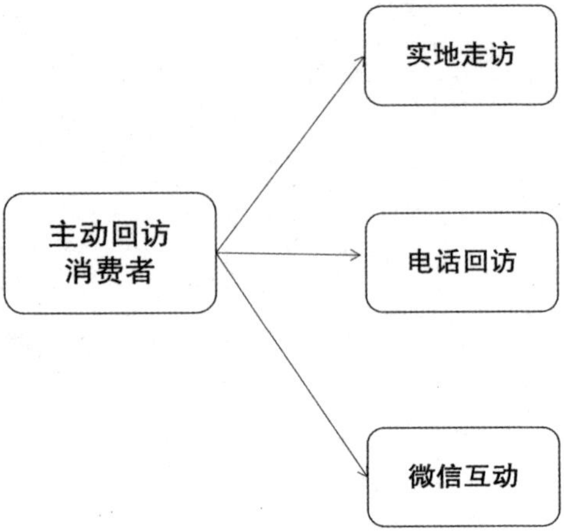

图8-8 主动回访消费者的途径

8.4 和消费者的情感交流必不可少

美国著名销售专家尼尔·雷克汉姆曾经说过这样一句话："实践证明，顾客与商家的关系一直是经营中很重要的因素。而在同质产品的经营中，关系变得更重要，因为当产品间不存在差异时，那么关系就成了一种区别。"

由此可见，不管我们经营什么样的产品，与消费者之间的情感交流都是必不可少的。与消费者建立情谊，让他们对我们产生信赖感、依赖感、安全感，这是现在零售企业经营取胜的法宝。

有一位家具零售商，前两年他的店铺受到了电商的冲击，生意一度到了做不下去的地步。有一天，他兴奋而又忧虑地给朋友打电话，说有一个人来店里咨询当地学校和剧院的座椅装饰生意，他很想做成这笔生意，但又不知道如何才能做到。

朋友在电话里只跟他说了这样一句话："你只需要与他进行感情交流，赢得对方的好感就行了。"

几天后，家具零售商激动地约那位朋友吃饭，报答朋友为他想了一个好办法，让他成功地拿到了订单。在饭桌上，他向朋友讲了事情的经过。

他亲自登门拜访了来店咨询的那个人，一走进办公室，他就很仔细地观察了这个人的办公室，然后真诚地对这个人说："自从我进入这个办公室，我就一直在欣赏您的办公室，我真是太羡慕您了。如果我也有这样一间办公室，即使工作辛劳，我也不在乎。您知道，我经营的虽然是装饰业务，但我还没有见过比这更漂亮的办公室呢！"

那个人听他这么一说，顿感兴趣，回答说："您让我记起了一件差点被遗忘的事。这间办公室刚建好时，我也很欣赏。可如今，我每次进入这里都在思考着工作的事情，有时甚至没有时间好好看一看这房子。"接下来，他们一起参观了办公室及公司，那个人还把自己参与设计的部分一一指给他看。

最后，那个人又向他细述了自己的创业史，不知不觉间，他们的谈话时间已经超过了两个小时，消费者已经把他当成了朋友。谈话结束后，两人一起吃了午饭。

就这样，通过情感交流，他最终获得了学校和剧院座椅装饰的生意。

与消费者进行情感交流是非常重要的，零售企业一定要谨记。但遗憾的是，一些零售企业平常对消费者不闻不问，到关键时刻对消费者表现得异常热情，而消费者买完单后又对他们置之不理。这种经营方式只能获得短期利益，有损于零售企业的口碑，断送了长远利益。

在产品差异化日益缩小的今天，消费者更愿意在那些自己喜欢的店里消费。所以，零售企业经营业绩的好坏并不完全是由产品或服务品质决定的。与消费者进行情感交流，在情感上和他们产生共鸣，这样才能与消费者建立良好的合作关系，形成牢固的商业情谊。

那么，如何才能与消费者进行有效的情感交流呢？

寒暄是情感交流的润滑剂

语言是情感交流的媒介，尤其是在面对不太熟悉的消费者时，零售企业相关人员就更需要进行语言交流了。寒暄是情感交流的润滑剂，是一门人际交往的艺术。得体、恰当的寒暄能让消费者感到轻松与温暖，营造出热情、和谐、友善、真诚的气氛，建立彼此可信赖的关系，有利于销售工作的顺利进行。不当的寒暄却会让人感到虚伪、疑惑。所以，零售企业在与消费者进行情感交流时，要学会与他们进行恰当的寒暄，取得他们的信任与支持。

将情感与消费者分享

情感交流是一个互动的过程，有所表达才会收到回应。零售企业相关人员要学会与消费者分享内心的情感，积极的情感更能得到消费者积极的回应。将自己的心情，无论是生活中的还是工作中的，讲给消费者听，有利于双方的情感交流。

为消费者提供真诚的建议

为消费者着想，站在他们的立场上真诚地提供建议，才能获得消费者的认可，形成长期的合作。为消费者提供真诚的建议，零售企业才有可能拥有源源不断的回头客。令人感到遗憾的是，有些零售商为了追求一时的销售额，不考虑消费者的实际情况，误导消费者买一些不需要的产品。零售企业的目的是带给消费者他们真正需要的产品和服务，并从中获得利益。所以，零售企业要了解消费者的真实需求，在此基础上为消费者提供真诚的建议。

8.5 你的服务要超出消费者的预期

要想让消费者对服务产生深刻印象，生出好感，最终产生情感上的归属感，零售企业应该如何做呢？一种最有效的方法就是让我们的服务超出消费者的预期，为消费者带来惊喜，让他们感动。

我们可以将“勤快”极致化，将“热心”极致化，让消费者感受到我们为他们服务的火热之情；我们可以吃别人吃不了的苦，受别人受不了的屈，满足消费者的需求，令竞争对手退避三舍……如此，零售企业的服务才会在消费者心中留下不可磨灭的烙印。

一位工程师李哥，人长得高高大大，性格却比较腼腆，不怎么爱说话。就餐的时候，服务员将他点的鹌鹑蛋下锅后，没过多久端上来一盘凉拌萝卜丝。一时间他丈二和尚摸不着头脑：我根本没有点萝卜丝，是不是送错了？

李哥提醒服务员："是不是弄错菜了？"服务员随后说出来的话让李哥大为惊讶，原来服务员上菜的时候，发现李哥频频将火锅里的萝卜丝夹到碗里吃，意识到李哥比较钟爱萝卜丝。

"我感觉您一定很喜欢吃萝卜，便打电话给后厨，让他们做了一盘凉拌萝卜丝，希望您喜欢。"一直不怎么说话的李哥有点激动："非常感谢，你还真猜对了，我很喜欢吃萝卜。"他边吃边夸那位服务员，还专门请教凉拌萝卜丝的制作方法。最后李哥要了一碗米饭，将萝卜丝拌到饭里，津津有味地吃了起来。

之后这家火锅店便成了李哥外出就餐时的"钦定饭店"。李哥不仅自己去，还将其推荐给亲朋好友，让他们到这家火锅店消费。

由此可见，极致服务具有神奇的功效，消费者往往对超出自身期待的服务印象更加深刻。看，一盘萝卜丝多神奇，帮助火锅店请来了这么多的客人！一盘萝卜丝对李哥而言就是一个大大的惊喜，虽然从价格上说，这盘萝卜丝值不了多少钱，但是服务让李哥感动：一来店家心细，精准地抓住了自己的喜好；二来这代表着一种善意、一种尊重。这种大大超出李哥预期的服务，自然让李哥难以忘怀，所以之后李哥就成了这家火锅店的"销售代表"，为火锅店拉来了一波又一波的客人。

这就是服务超出消费者预期所带来的好处——信任、忠诚。也就是说，零售企业要想做好服务，除了做好常规服务外，还需要在服务预期上做文章——只有提供超过消费者预期的服务，带给消费者惊喜，才能在消费者心中留下不可磨灭的印象，让消费者主动为零售企业代言，进行推荐。

那么，如何让我们的服务超出消费者的预期呢？零售企业可从以下三个方面入手。

提高服务附加值

零售企业要想让服务超出消费者的期待，一种最主要的方法就是提高服务的附加值，让消费者感觉自己享受到了超值服务。那么，零售企业应从哪些方面提高服务的附加值呢？零售企业可以从提升服务质量、增加服务种类、延长服务时间、降低服务费用等方面提高服务的附加值，让消费者在享受服务的时候觉得自己“赚了”（图8–9）。

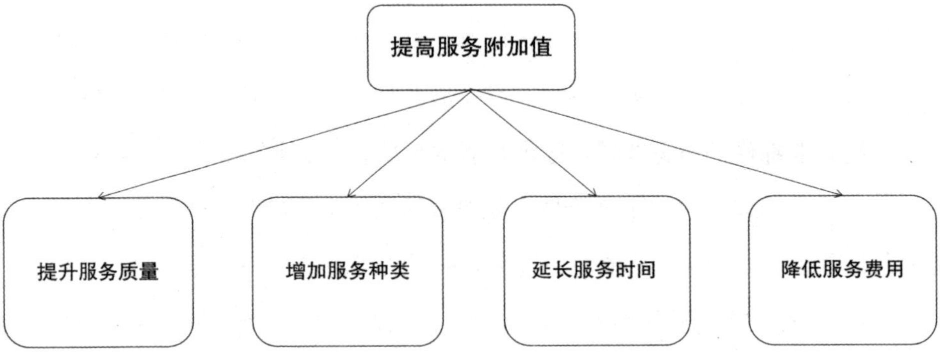

图8–9 提高服务附加值的方法

将细节做到极致

零售企业要想提供远超消费者预期的服务，除了要提高服务附加值外，还可以从服务细节上入手，以“工匠精神”将某一方面的服务做到极致，做到无限接近于完美。这样一来，消费者在接受服务的时候就会产生极致体验，对零售企业产生信任，表现出极强的忠诚。比如，我们可以从服务人员的礼貌用语、礼仪、反应速度等方面入手，用超级个性的问候、礼仪来取悦消费者，用周到的服务环节以及闪电般的服务速度俘获消费者（图8–10）。

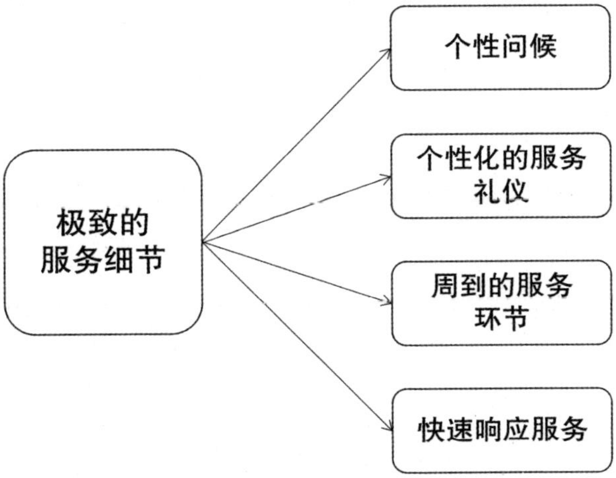

图8-10 极致的服务细节

赠送礼物

零售企业提供的服务要想超出消费者的预期，一种最有效、最直接的方法就是赠送礼物。零售企业可以在提供服务的同时赠送给消费者一些小礼物，诸如电影票、布娃娃、签字笔、气球等，这样往往能够让消费者觉得服务大大超出了自己的预期，收获惊喜。

第9章

拥抱云零售，抓住智慧零售新未来

未来零售发展的方向是什么？可以预见，在不久的将来，云零售会和人们的生活无缝融合，全方位、全时段地满足消费者对商品和服务的需求，满足他们的极致体验追求。因此，零售企业必须要未雨绸缪，尽快融入云零售体系。

9.1 构建云平台供应链，让自身更轻、更智慧

随着零售行业的不断发展，提供给消费者的商品种类越来越丰富，渠道也在不断推陈出新，但是不管怎么改变，零售的本质始终是不变的。在未来，智慧零售将会更加高效地为消费者提供超出预期的商品和服务。但是，零售企业要想在未来更高效地满足消费者的需求，为他们提供更快、更好的服务，大大超出他们的预期，就必须在供应链上发力。在智慧零售时代，零售企业只有构建自己的云平台供应链，才能让自己变得更轻、更灵活。

9.1.1 云平台供应链时代到来

所谓供应链，是指产品生产和流通过程中所涉及的原材料供应商、生产商、分销商、零售商等节点连接而成的以满足消费者需求为目的的网络结构。随着科学技术的不断发展以及生产和交易效率的不断提升，零售企业的供应链模式持续变迁。

仔细梳理，零售企业的供应链一共经历了四个发展时期。

（1）生产商主导的直线型供应链。在产品稀缺的计划经济时代，人们对各类产品的需求远远大于当时社会的生产能力。这一时期的供应链很简单，主要由

当时的国家计委统一调度所有消费品和生产资料的供应、采购、结算以及物流等，属于典型的“以产定销”。整个供应链的运作依赖于所谓的“指标”，生产出标准化的商品，通过供销社的渠道输送到消费者手中。在这一过程中，不存在中间商，物流和资金流都比较低效、单一。这一时期的供应链是简单的直线型结构（图9–1）。

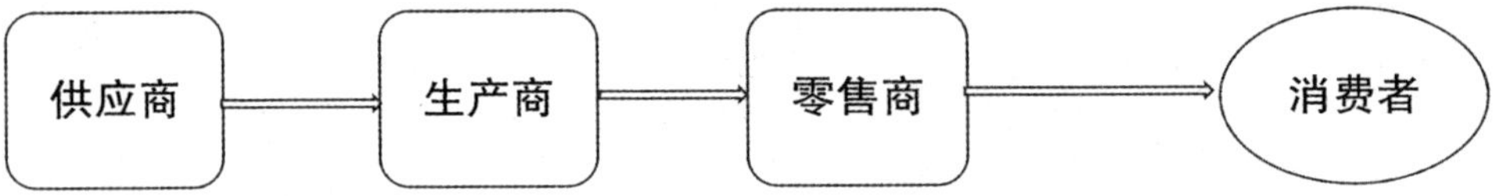

图9–1 直线型供应链

（2）网链状供应链。随着社会生产力的不断发展和经济体制的变革，企业产能持续提升，市场活力显著增强。这个时期中间商开始出现在供应链中，承上启下，很好地连接了生产商和零售商，让整个供应链更加灵活、高效。这一时期的供应链呈网链状，其中物流、信息流以及资金流等呈多源单链状（图9–2）。

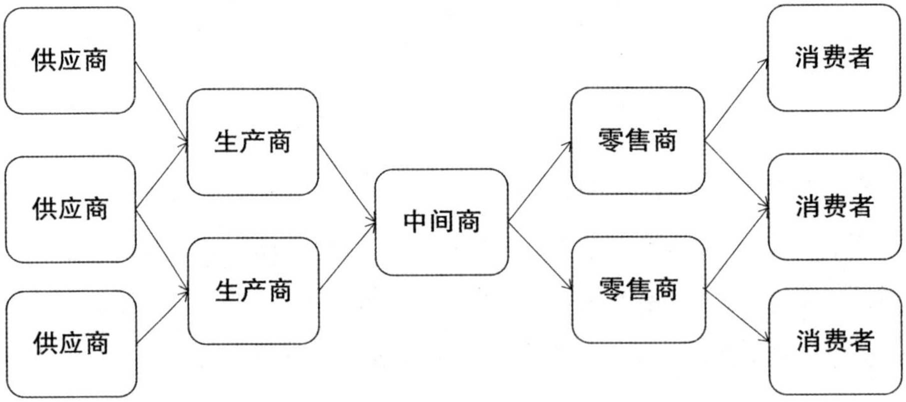

图9–2 网链状供应链

（3）放射型供应链。随着社会生产力水平的继续提升，产品变得越来越丰富，市场上的供需关系开始出现逆转，由先前的需求大于供给转变为供给大于需求，消费市场由此从卖方市场向买方市场转变。人们的消费观念随之不断升级，由先前追求数量转变为追求品质，注重服务和体验。为了满足消费者的这种需求，各种专卖店、会员店以及购物中心如雨后春笋般涌现。这个时期供应链的运作基于的是“信息”，按照消费者的需求供应产品。简而言之，这一时期的供应链就是从市场需求出发组织生产，再加上互联网和物流技术的快速发展，大量中间商被取代，从而呈现出需求驱动的放射状形态（图9–3）。

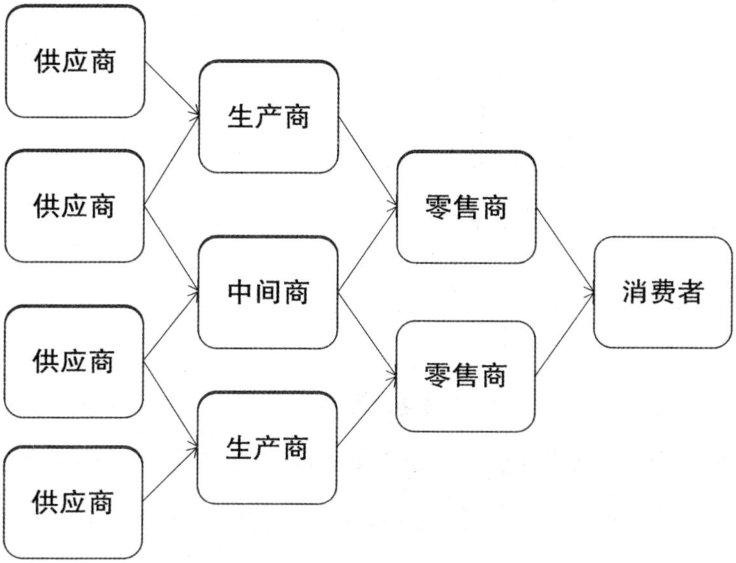

图9–3 放射型供应链

（4）云平台供应链。这是一种可为消费者创造价值的供应链，是未来智慧零售供应链发展的必然形态。它能够高效地协同生产、零售、物流等环节，从而使零售企业变得更聪明、更轻、更灵活。未来，消费升级必然会导致消费者的需求变得无限多元，变得越来越个性化、细分化。这就要求零售企业的供应链必须具备极度整合资源的能力，能够借助新技术将各个环节紧密地连接在一起。零售企业供应链开始平台化，各种数据实现“热备份”，实时传递到云端，并通过云计算在供应商、生产商和消费者之间准确地传递任务目标，获得需求信息，继而高效地分配资源。也就是说，在未来，零售企业的供应链运作会基于“大数据”，实现“按需生产”，整个供应链结构呈现为由大数据驱动的平台型（图9-4）。

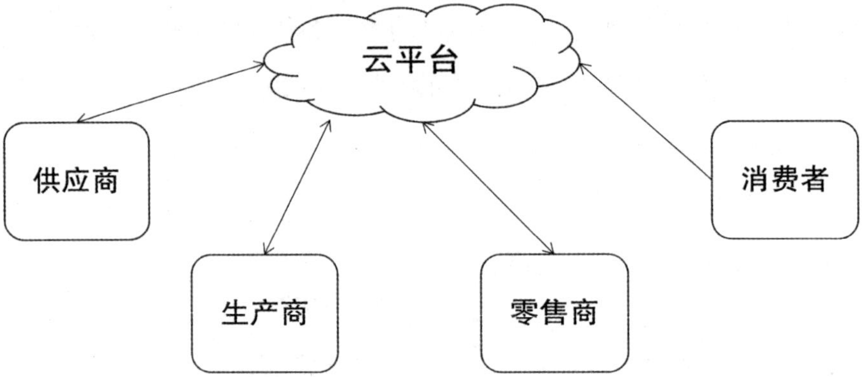

图9-4 云平台供应链

9.1.2 云平台供应链将主导未来零售

未来会实现智慧零售，云平台供应链则是智慧零售不可或缺的重要组成部分。资源在云端高度集成，零售企业由此可以精确、高效地掌控供应链上的各个环节。

在未来，零售企业供应链结构将主要由零售端、生产端以及云端三部分构成，连接这三部分的主要媒介是数据，核心的驱动就是云计算，实现“三位一体”，最终为消费者创造出极致体验的场景，让消费者在愉悦中情不自禁地消费（图9-5）。

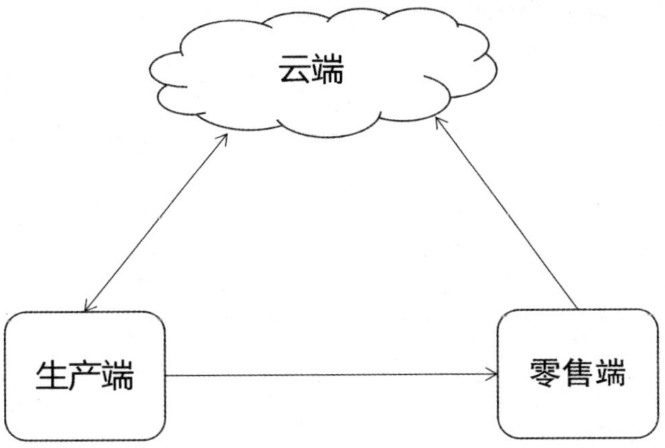

图9-5 云平台供应链的结构

零售端的数字化浪潮

在零售端，不管是购物中心、便利店、大卖场还是网店等，都需要为消费者构建无与伦比的场景，才能最大限度地愉悦消费者，抓牢消费者。这就需要零售企业构建场景，将消费者的行为数据和消费数据记录下来并实时上传，让消费者可以随时在线。另外，零售商还需要构建愉悦的互动场景，吸引消费者驻足、进店，继而为体验买单。这样一来，通过使用数字化技术打通线上和线下场景，深度融合虚拟和现实，零售企业就可精准地还原消费者的真实需求。如此，消费者才会摆脱空间、时间的限制，商品才不会受制于数量、品类和形式，这样零售企业构建的消费场景之于消费者才是最有趣的，也是最简单的。

私人定制主导生产端

在未来，基于大数据云平台，零售企业可以基于消费者性别、年龄、收入等信息对消费者进行精准画像，对其需求进行深度挖掘。这样一来，商品完全可以根据消费者的需求“定制化”生产，从而使得商品更加契合消费者的个性需求。

如意集团的服装工厂，通过运用大数据和人工智能，可以实现按照消费者的需求“定制化”生产，真正实现了精准生产，做到了“一人一款、一人一版”，从而大大满足了消费者的个性化需求。

云端数据成为最重要资产

在智能零售时代，原材料、劳动力等都不再是稀缺资源，各种数据资源成为零售企业开拓市场、认识消费者的“杀手锏”。未来，消费者会成为一个个碎片化的数据的集合体，零售企业掌握了这些数据，就能够快速地抓住消费者的真实需求，从而在第一时间为他们提供最急需、最渴望的商品和服务，使其远超消费者预期。

9.2 S2b是未来智慧零售的商业模式

S2b是未来智慧零售的商业模式，其中“S”是指大的供应链平台，“b”是指存在于供应链平台上的物种，主要是指小型终端店，诸如夫妻店等。在未来，一个大的平台会对接数以千计、万计的小型终端店，为消费者提供低成本实时服务，分析消费者的真实需求，挖掘消费者的刚需、痛点。在收集到足够数据并对消费者进行精准画像的基础上，零售企业可以利用供应链平台对设计、生产以及物流等的协同能力，最终完成对消费者的定制化服务。也就是说，在未来，产品环节只是服务实现的一个中间环节，供应链平台和小型终端店之间既不是简单的买卖关系，又不是传统的加盟关系，而是更高层次的赋能关系。

9.2.1 云零售呼唤S2b商业模式

所谓云零售，简单地说就是数字平台式零售，和其最契合的商业模式就是S2b。在未来，零售企业的后端将是云平台，是实时提供各种资源的商业生态系统，包括商品、咨询、服务、软件等相关资源，可以让消费者自由地筛选、整合、利用，从而更好地满足消费者的需求，向其提供更加精准、优质的商品和服务。

S2b商业模式之于云零售的作用主要体现在三个方面。

首先，通过供应链平台，零售企业可以将前端实时采集到的消费者相关数据存储于云端，动态地进行运算，分析总结运算结果，为消费者进行精准画像。之后将所得结果快速地传递给小型终端店，使其拥有更加强大的能力来构建消费场景，满足消费者需求。

其次，S2b能够高效地进行供需匹配。供应链平台扮演着总指挥的角色，能够在最合适的时间，将最匹配的资源高效、快捷、低损地配送至需要的小型终端店。

再次，S2b能够高效整合资源。通过平台调度，零售企业可以完美地构建自己的生态系统，从而将最优质的资源整合在一起，最终形成规模效应，更好地服务消费者。商业生态的本质是一种平台上资源的高效组合方式，而非参与者和资源的简单拼凑，只有对平台上各个参与者的角色进行合理的安排，才能实现资源的高效组合。

必须要明确的一点是，供应链平台和小型终端店之间的关系并非传统的加盟关系，而是更高级的赋能关系。传统的加盟店是工业时代的产物，其核心是标准化流程和严格的质量管控。赋能则是智慧零售的主要发展模式之一，在S2b商业模式中，小型终端店是生长在供应链平台上的“触手”，它能够快速地为平台采集和消费者相关的各种数据，完成流量的引入以及服务，平台则通过分析相关数据，对消费者进行精准画像，并将其反馈给小型终端店，最终帮助其实现所有活动的精准化和精细化，使其提供的商品和服务更契合消费者的需求，更精准地满足消费者的痛点。

总之，在未来，智慧零售将演变为线下实体店零售和网上纯电商零售的最终出路。零售企业只有快速地构建自己的S2b商业模式，或者融入第三方云平台，才可以紧跟零售发展潮流，更好地服务消费者，满足其不断升级的消费需求。

9.3 赋能百万商店的阿里巴巴零售通

阿里巴巴零售通代表着S2b商业模式的一个发展方向——撮合，其主要是一个为各个城市社区零售店提供订货、物流、营销、增值服务等的互联网服务平台。阿里巴巴零售通的本质是通过打造强大的云端平台，运用大数据，用数据驱动的方式重构人、货、场，让消费者、商品、场景变得更加和谐、高效。

9.3.1 赋能“夫妻店”

虽然在一二线城市，传统的“夫妻店”已逐渐被“全家”“罗森”“7–11”等便利店巨头取代，但是在众多三四线城市，因为便利店巨头对单店利润要求较高，导致其在三四线城市扩张缓慢。如此一来，众多“夫妻店”“小卖部”等在三四线城市街头依然随处可见。阿里巴巴零售通将目光锁定在这些传统的“夫妻店”上，通过数据平台赋能，帮助它们得到更优质的服务消费者的资源。

阿里巴巴零售通为三四线城市的“夫妻店”“小卖部”等终端零售店提供货源、配送等一系列的服务，将阿里巴巴精选的进口商品以及优质农产品送到这些小店的货架上，目的是让这些零售店能够向消费者提供大品牌便利店所能提供的商品和服务，从根本上解决自身货品单一、进货效率低下、货源品质不可靠等痛点。这样一来，阿里巴巴零售通就为数以百万计的“夫妻店”“小卖部”提供了一种全流程零售解决方案，升级了这些零售店的商品和服务品质，最大限度地适应了消费者不断升级的消费需求，令它们焕发出了强大的活力。

阿里巴巴希望能够将传统的“夫妻店”“小卖部”等终端零售店打造成每一个城市社区的生活服务中心，通过不断提升商品和服务品质，构建新型零售生态，更好地服务消费者。

9.3.2　构建全方位赋能体系

为了让“夫妻店”更具活力，阿里巴巴着眼于供应链、管理以及经营，对其进行赋能，从而最大限度地帮助它们以更加丰富的业态和更优质的服务为周边社区的消费者提供优质消费体验。

供应链赋能

阿里巴巴零售通整合品牌商、经销商和物流，聚焦资源，构建新业态，不断赋能三四线城市“夫妻店”，帮助它们升级为具有“一站式”便民消费服务功能的互联网智慧商店。

（1）吸引更多品牌商接入零售通。阿里巴巴零售通能够帮助品牌商更好地下沉，品牌商融入之后，能够得到全渠道、全方位的服务，更好地了解消费者的真实需求，将自身品牌利益最大化。另外，零售商还可以为品牌商提供更多的增值服务，诸如新产品推广、供应链金融、促销直通车等。

更重要的是，借助阿里巴巴零售通的供应链，品牌商可能直接接触和服务处于零售末梢的“夫妻店”和消费者。这样一来，其面向消费者的营销活动将会更加高效、更有价值。

全球著名糖果企业不凡帝范梅勒通过和阿里巴巴零售通合作，让自身的营销活动更高效地触达消费者，更有价值。消费者在支付宝中输入红包口令“清凉一夏”，即可领取5元红包，可以在零售通服务的“夫妻店”中消费。5元钱虽然看起来微不足道，却为“夫妻店”带来了更多的人气，也让品牌商获得了更大的利益。

（2）更智慧、更高效的物流。零售通直接接入菜鸟的物流体系，仓储、物流都通过菜鸟完成。这样一来，零售通的物流就变得更加智慧，因为菜鸟物流已经实现了信息化，产品的在线化使得供应链中流转的是信息，而非产品。

零售通可以让三四线城市的“夫妻店”直接打通货源，提升产品和服务品质，以更加高效的物流打造更为丰富的业态，从而更好地服务周边社区。

经营赋能

阿里巴巴零售通对三四线城市“夫妻店”的经营赋能主要体现在产品赋能、增值赋能、金融服务等方面。

（1）丰富“夫妻店”货架，给予消费者更多的产品选择。通过接入零售通，三四线城市的“夫妻店”可以引进更丰富的商品，特别是一些进口商品，从而不断地完善自身的商品供应。以前，这些“夫妻店”因为货源有限，是很难通过普通经销商引进这类高品质商品的。阿里巴巴零售通则通过和诸多知名品牌商建立合作关系，让三四线城市的“夫妻店”得以找到优质货源。

（2）零售通为三四线城市的“夫妻店”提供商品品类改造、店面改造、增值服务等多种服务。比如，很多“夫妻店”通过零售通增加了手机充值、加油卡充值、水费缴纳等增值服务，从而获得了更高的人气和利润。

未来，阿里巴巴零售通希望能够为三四线城市的“夫妻店”植入更多的增值服务，诸如快递、出行、家政等服务性业务。这类增值服务一方面能够为“夫妻店”带来大量的关注度和流量，另一方面，能为其带来可观的利润。这样一来，“夫妻店”在消费者眼中也就成了“保姆店”，消费者除了可以买到需要的高品质商品之外，还能通过其解决生活中遇到的大部分问题。如此，“夫妻店”必然会成为社区中的明星店，在消费者心中的存在感自然也就会大大强化。

（3）提供金融服务。通过蚂蚁金服，阿里巴巴零售通可向三四线城市的“夫妻店”提供贷款信用服务，在很大程度上帮助众多的“夫妻店”盘活了资金。

管理赋能

阿里巴巴零售通对三四线城市的“夫妻店”进行管理赋能主要体现在引入城市合伙人、策划并实施运营活动等方面。由于零售通服务的绝大部分“夫妻店”的老板文化程度不高，缺乏管理才能和经验，故零售通引入了城市合伙人，将其作为第三方合作伙伴，其可以通过零售通平台进货，并且服务和运营签约的实体小店。另外，零售通还帮助“夫妻店”策划营销活动，让处于零售末端的诸多小店得以拥有更高的曝光率。

阿里巴巴零售通的城市合伙人数量在逐年增多，分布于各个城市，服务诸多“夫妻店”。零售通将城市合伙人视为服务“夫妻店”的“动销专家”“经营顾问”以及“金牌客服”，他们一方面要帮助“夫妻店”管理好门店，优化好产品结构，另一方面，要帮助“夫妻店”承载更多的商品和服务，诸如提供早餐、生鲜，代收邮件，代缴水费、电费、天然气费，代售火车票、飞机票，等等，使其变身“保姆店”。

9.4　打造B2B领域新渠道的京东新通路

依托京东集团强大的供应链以及丰富的商品资源，新通路力图将全国各地的中小零售门店纳入品牌商的销售终端体系，最终为品牌商提供高品质仓储配送支持、地勤服务、门店营销以及数据分享等“一站式”零售解决方案。简而言之，京东新通路为大型品牌商和处于零售末梢的中小型零售店构建了连接渠道，将大型品牌商的产品下沉到最基层，甚至农村地区。这样一来，中小型社区店、小卖部的货架上也会出现高品质的品牌商品，给予消费者更多的便利和消费选择。

9.4.1　重塑零售体系

当前，由于成本上升、过度竞争以及消费饱和等原因，我国零售行业的利润处于较低水平。为了改善这一点，提升零售利润，京东集团通过利用强大的物流体系，持续去中间化，使得商品能够直接由品牌商处流通到消费者手中。这样一来，不仅大大减少了商品在流通环节的消耗和成本，消费者还能便捷地买到高品质商品，品牌商自然也就提升了利润，获得了更大的发展动力。

在我国的中小城市和农村地区，互联网零售的发展相对迟滞，消费者的消费观念依然停留在过去。传统销售渠道中存在着层层盘剥、虚报费用等痛点问题，最终造成零售企业渠道成本高昂。另外，大型的品牌商难以判断中小城市市场，导致它们难以或者根本就不想直接接触中小城市的零售终端。品牌商在中小城市和农村地区的缺失，给一些不法分子留下了可乘之机。特别是在农村地区，出现了很多假冒伪劣商品，诸如“康帅傅”方便面、“金龙油”食用油、“脉劲”功能饮料、“白事”可乐，等等。

京东新通路的出现，成为连通品牌商和中小零售终端的全新媒介，将曾经的厂商到消费者的模式，转变为厂商到中小门店的模式。如此一来，消费者就可以在中小零售终端，诸如社区店、小卖部，直接买到货真价实的品牌商品了。

由此可见，京东新通路的出现对中国零售体系是一次重塑。未来，其将在更大层面上重新激活零售行业的活力。

9.4.2 重塑渠道通路的京东掌柜宝

京东掌柜宝由京东集团研发，是京东集团旗下一站式B2B订货平台，现在已经登陆安卓和iOS系统各大应用市场。通过京东掌柜宝这一平台，中小零售店能够享受到京东集团的强大渠道扩展能力和物流、服务上的优质资源。此外，着眼于品牌商，京东新通路为其提供仓储配送、地勤服务、门店分销、数据分享等一站式服务。

在传统零售链条中，品牌商和终端零售商之间的连接大都采用分级代理的模式——品牌商通过各级代理商一层层向下铺货，最终将商品“搬到”终端零售店的货架上。但是我国地域辽阔，市场环境复杂，导致每个品牌商都需要大量的代理商才能将自身产品“沉”下去。这就使得代理商层级过多，导致品牌商不能快速地从销售终端获得核心的销售数据，及时地了解消费者需求变化。这样一来，就导致品牌商渠道不透明、不扁平、不可监控、不能互动，从而让品牌商对市场反应迟钝，和消费者之间的互动迟缓、生硬，缺乏吸引力。

对终端零售商而言，这样的模式也是痛苦的。一方面，经过层层渠道之后，到手的品牌商品的成本会变得更高，利润微薄，赚不到钱，消费者买到的商品价格也非常高；另一方面，渠道多，层层下沉，必然导致整个销售链条的低效，导致零售终端店商品周转速度低下。更具危害性的是，渠道的复杂很容易导致假货、山寨货泛滥。

京东掌柜宝的出现，完美地解决了品牌商和终端零售商的痛点。对品牌商而言，接入京东掌柜宝之后，将产品下沉到中小城市就不再需要通过众多的中间商了，通过京东掌柜宝，品牌商可以轻松地将产品送到终端零售的商货架上。这样一来，流通环节的成本就会大大降低，品牌商节省了成本，而且可以在第一时间通过京东掌柜宝了解消费者需求。中小零售终端也可以获得更多的利润，消费者也获得了更大的选择自由和实惠。

9.5　零售未来发展四大趋势

未来，智慧零售将会是这样一种场景模式：线上线下高度融合，商品和商家无缝连接，跨境和国内零售打通。具体而言，未来的智慧零售将呈现以下四大发展趋势。

（1）智慧零售新物种大爆发。在智慧零售和新技术的双重作用下，各种零售新物种会大爆发，零售市场上的商业业态将因此得到极大丰富，给予消费者的选择将会更加多样。比如盒马鲜生、超级物种等就极大地丰富了零售业态，带给了消费者更惬意的消费场景和更大的选择自由。智慧零售新物种所处的业态会不断延伸，诸如幼儿园业态、医疗业态、真人游戏业态、设计互动业态、运动业态、文创业态等，都会是智慧零售新物种诞生的温床。

比如，一些艺术中心除了举办艺术展览之外，还持续增强和消费者之间的互动，期望将自己打造成消费者体验艺术、陶冶情操的首选之地。这些艺术中心会定期举办著名书画家作品展，免费邀请消费者参观；会邀请老艺术家现场作画，让消费者能够亲眼见证伟大艺术作品的诞生过程。这样的运作模式在吸引人流的同时，也会让这些艺术中心的营业额有较大的增长。

（2）消费场景越来越个性化。未来，不管是商业综合体、百货商场、超市、便利店还是各类专卖店，都将变得越来越个性化，以满足消费者不断增大的个性消费需求。零售企业需要彻底打破现今布局设计、商品组合、门店运营“千店一面”的局面，让自身在店面设计、商品组合和门店运营上更有个性，如此，才能最大限度地吸引消费者关注，提升自身活力。

无印良品的显著特色是“极简”，其商品没有标签，拿掉了一切不必要的设计，没有多余的加工和颜色，简单到了只剩下素材和功能本身。但是为了更好地发展，无印良品开始跨界转型，变得越来越有个性。在新开设的无印良品店内，增加了蔬菜水果卖场，将食品整齐划一地摆放在了宽敞、整洁的空间里，搭配精致、漂亮的宣传单以及书籍，大大激发了消费者的购买欲望。这种混搭极大改变了无印良品在消费者心中固有的“千店一面”的印象，为消费者打造了个性化消费场景，极大地满足了消费者不断升级的个性化消费需求。

（3）“夫妻店”全面升级。所谓“夫妻店”，是指传统的社区商店、小卖部等小型零售终端店。这些店往往会给人一种店面狭窄、装修简单、商品品类单一的印象。未来，借助云平台供应链和新技术，“夫妻店”升级潜力巨大，将会焕发出无穷活力。

未来，社区商店、小卖部等中小零售终端店的升级主要有两种方式：一是接入京东新通路，二是在阿里巴巴零售通的S2b赋能生态平台上独立成长。不管选择哪一种，借助京东亦或阿里巴巴的供应链和商品资源，“夫妻店”必然会获得升级，为消费者构建更加优质、个性的消费场景。

（4）零售市场迎来爆发性增长。借助新技术，智慧零售打破了时间和空间的限制，消费者可以随时、随地、随心消费，购买自己喜欢的商品和服务。未来，一切都将碎片化——时间碎片化、信息碎片化，人的社交圈子也会碎片化。这些碎片化的场景都可以成为智慧零售的新入口，从而使得智慧零售无所不在，其规模将会变得越来越大。

我国人口基数大，网民人数众多，到2016年底已经达到了惊人的7.31亿，约相当于欧洲人口总量。随着移动互联技术和移动终端的不断发展和普及，到2016年底，我国网上支付用户人数达到了4.69亿，手机支付比例达到了惊人的67.5%。移动互联网和智能终端的发展，也大大丰富了消费场景，刺激着人们的消费欲望。可以说，有手机屏幕的地方就有场景，存在场景的地方就会产生交易。这样一来，零售就将无处不在，人们在听音乐、看视频、乘车甚至上厕所的时候，都可以看到商品和服务信息，继而达成交易。